September 2011 九月

Co-Host 联合主办	接力中国青年精英协会
Editorial Committee 编委	张秋林　陈　豪　马　丁　黄　艳　张志峰
Chief Editor 主编	张志峰 Faris Zhang
广告许可证	3600004000068
编辑部地址	上海市漕宝路光大会展中心 F 座 2402 室　200235
办公电话	021 6432 9587
传　　真	021 6432 9587 - 8008

图书在版编目（CIP）数据

接力 . NO.3 / 张志峰主编 . -- 南昌：二十一世纪出版社，2011.9

ISBN 978-7-5391-6898-2

Ⅰ . ①接… Ⅱ . ①张… Ⅲ . ①民营企业－企业管理－

中国－丛刊 Ⅳ . ① F279.242-55

中国版本图书馆 CIP 数据核字 (2011) 第 184377 号

接力（No.3）

出版发行	二十一世纪出版社（江西省南昌市子安路 75 号　330025）
出 版 人	张秋林
责任编辑	吴　镝　娄　敏
印　　刷	上海利丰雅高印刷有限公司
版　　次	2011 年 9 月第一版　2011 年 9 月第一次印刷
开　　本	965mm×1270mm　1/16
印　　张	16
字　　数	161 千字
书　　号	ISBN 978-7-5391-6898-2
定　　价	28 元

SAVE A PUMPKIN. CARVE THE ROAD. | MOTOR-TOBER™

FCONTENTS

FEATURE

PREMIUM ITALIAN ORGANIC
VODKA
0.1
DISTILLATE ORGANIC ITALIAN WHEAT
BY SACCHETTO SPA FOUNDED IN 1947
AND CRYSTALLINE WATER FROM
THE MARITTIME ALPS - LURISIA
ORIGINE®

CONTENTS

家业长青任重道远

近期，史蒂夫 · 乔布斯辞去苹果 CEO 一职引起了广泛的关注，人们不仅是对这位天才领导者的退场感到惋惜，也对苹果公司的未来担忧。苹果还能保持创新的激情吗？还能继续推出炫目的产品吗？公司的兴衰取决于一个魅力型的领导者，这样的例子并不鲜见。

在西方发达国家，由于公司治理结构比较完善、管理制度相对成熟，所以经理人对企业命运的影响力没那么大。于是，你可能知道可口可乐，但不知道它的 CEO 是谁。你可能知道沃尔玛，但不知道其家族成员还在企业中占据怎样的位置。在研究如何令企业基业长青的问题上，西方著述会更多地关注经营模式、管理模式随市场环境的改变，而不是遴选接班人。

反观国内，张瑞敏之于海尔、柳传志之于联想、任正非之于华为，其重要性不言而喻。一代企业家的个人魅力似乎就决定了企业的成败，基业能否长青还没有经受过真正的检验。其实，还有一个比基业长青更难的事，那就是家业长青，对于正处在交接班密集期的中国家族企业来说，这是一项艰巨的使命。

家业长青之所以更难，是因为它要保证家族和基业都能够世代的传承。很多西方的优秀企业虽然最初是家族企业，但渐渐的家族成员已经淡出，“基业”长青而不是“家业”长青了。同样，也有很多家族依然树大根深，但先辈的基业早已不存在了，你不知道这个家族现在到底在做什么，这恐怕也不能称之为家业长青。

西方国家实现家业长青尚且如此难，刚处于一代向二代传承的中国家族企业显然会遇到更大的挑战，而完成这一艰巨使命的第一步、也是最重要的一步就是对子女的磨砺教育。因为，只有通过磨砺，才能让子女具备真正的企业家素质，才能让他们对家族的事业更加认同，才能积极应对外部市场环境的变化，让家业永葆青春。

磨砺教育不同于传统的学校教育，它是源于实践的、很个性化的教育方式，通过这种教育，能让家族的精神和气质得以延承，而不是仅仅掌握一些技能和知识。我们观察那些古老的、受世人敬仰的家族，对子女的磨砺教育都有独到之处，因为这确实是保证家业长青的最坚实的基石。

近些年来，随着金融资本在以美国为代表的西方国家经济体系中逐渐占据主导地位，传统的家族精神日渐式微，这从美国制造业空心化现象就可见一斑。而 2008 年的金融风暴以及最近美国信用评级的下调，预示着那种过度依赖金融资本的掠夺、而忽视企业家精神传承的模式已经走到尽头。

这对中国来说其实是一个机遇，我们有优秀的教育传统，有古老的家训和私塾，关键是如何使之发扬光大，通过对子女的磨砺让家业长青成为可能。在如今国企垄断盛行，民营企业的公司治理结构还不完善的情况下，将家族企业做大做强、有序传承，对中国经济突破现有的迷局具有重要的意义。

家业长青任重道远。

执行主编：

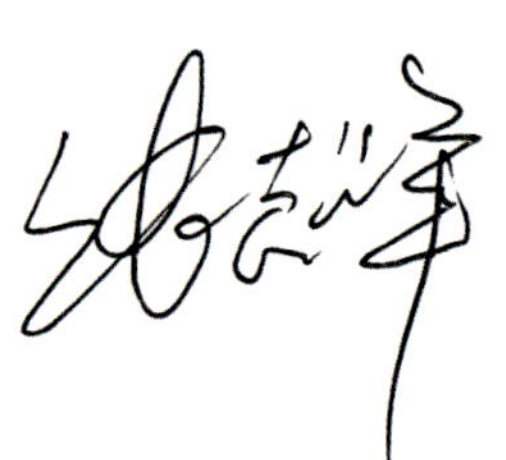

接力 FORTUNE GENERATION

Co-Host 联合主办　接力中国青年精英协会
Editorial Committee 编委　陈　豪　马　丁　黄　艳　张志峰

策划机构　上海蕊蕾文化传播有限公司
总策划　马　丁

Chief Editor 主编　张志峰 Faris Zhang
Editor 编辑　时　辰 Sissi　陆晓旭 Christina Lu　钟海泉 Hoi-Chuen Chung

Visual Director 视觉总监　侯碧峰 Yvan Hou
Visual Editor 视觉编辑　何一鸣 He Yiming
Art Editor 美术编辑　张晓燕 Stefanie Zhang　伍舒帆 Erica Wu　康　妍 Kang Yan（实习）

Advertising Director 营销总监　孙红飞 Sun Hongfei
Shanghai 上海　郑　杰 Zheng Jie　徐　旭 Xu Xu　徐明伟 Xu Mingwei
服务热线　021 6432 9585
Beijing 北京　赵建英 Zhao Jianying
服务热线　010 8589 6967

Marketing Specialist 市场专员　陈　诚 Edison Chen

广告许可证　3600004000068
编辑部地址　上海市漕宝路光大会展中心 F 座 2402 室
邮　　编　200235
办公电话　021 6432 9587
传　　真　021 6432 9587 - 8008

EDITORS & READERS INTERACTION 编读往来

新浪微博互动

杨吉 JeIT（财经书评人）：收到寄赠的「接力」。这是本以书代刊的新杂志。创办才二期，十足的新事物。但立意和定位不错，求解民营企业家二代权力如何传承和交接的大问题，并提供应对挑战的新思维和好方法。角度切入得不错，也是巧妙的市场区隔，但真要办好这样一本商业刊物，机会很多，难度不小。可不亚于他们办刊的使命呀。

杨大勇（安家世行董事总经理）：收到你们最新一期《接力》也是创刊号，这个主题是非常突出的问题——无论是财务的承接，还是管理权力、社会地位的世袭，都是 80、90 后的二代、三代们面临的实际挑战。其实核心的问题是：如何保持第一代的"创业"（或创业家）精神？这方面国外关于家族企业传承的研究很多，希望能看到系统的整理。加油！

欢迎向新浪微博"接力杂志"ID 发送私信，向做客嘉宾提问。http://weibo.com/FortuneGeneration
下一期编读往来做客嘉宾——《接力》8 月刊封面人物段刘文。

Q&A

读者十问做客嘉宾

陈思进，《接力》8 月刊专题人物。多家一线财经媒体专栏作家、中信出版社重点书籍《金融让谁富有》、北大出版社《绝情华尔街》作者、央视大型纪录片《华尔街》顾问。曾任瑞信证券部助理副总裁、美银证券公司副总裁。

Q：9.11 事件发生的时候你正在世贸大厦北塔 80 层，当时你第一个想到的人是谁？

A：我太太小玲。

Q：2007 年底，你带着太太小玲离开了华尔街，之后开始出版一系列揭露华尔街贪婪本质的作品。那么，对于那些坚守华尔街的人们，你最想对他们说些什么呢？

A：好自为之。

Q：你坚持与相恋多年的小玲结婚，并且拒绝回国继承家业。父亲没有出席你的婚礼，为你送上祝福，你遗憾吗？

A：至今依然略感遗憾，结婚时长辈的祝福非常重要。

Q：你与太太小玲共同圆了作家梦，对你影响最深的作家是谁？作品是哪部？

A：曹雪芹，《红楼梦》。

Q：除了写作，还有哪些事物带给你快乐和财富？

A：还有电影，看书，音乐，上网，友情，亲情……

Q：你认为缺少奋斗目标是人生的一大悲剧，你的人生终极目标是什么？

A：财经科普，让普通百姓少被忽悠。

Q：你下一部将要推出的作品是什么？

A：《看懂财经新闻第一书》，将由磨铁图书推出。

Q：美联储会推出 QE3（定量宽松货币政策）吗？

A：可能暂时不会。即使推出，对美国经济恢复也没用，倒霉的将是中国和其他新兴经济体。

Q：黄金的价格能否突破 3000 美元？

A：这是个疯狂的世界，万事皆有可能。

Q：欧洲的债务危机还会继续恶化吗？

A：会，欧元区可能散伙。

更正声明

2011 年 8 月刊《两湖财富大碰撞》一文中，2010 湖北省富豪榜第三位应为孟庆南家族。现予以更正，并对此造成公众的误解表示歉意。

《接力》杂志编辑部
2011 年 8 月 30 日

Chloé
EAU
DE
FLEURS

文 _ Sissi　设计 _ 舒帆

向我们提问吧!

来信请发：info@jielimag.com，或向新浪微博"接力杂志"ID 发送私信。我们将尽可能详细地回答你的问题。

徐杰（南通）最想知道

降低或者放开中高档商品的进口环节的税收，会严重冲击国内企业吗？

答：风险很大。降低进口环节的税，奢侈品不一定降价，但对中档商品来说，如果取消或降低进口环节的关税、增值税和消费税，就会形成倾销，因为出口国对于出口商品一般是零税率，而国内的同类商品却含有增值税和消费税，这样就造成税收上的不平等待遇，会导致大量的国内企业倒闭。降低关税是趋势，但不等于放弃保护。作为发展中国家，放弃保护等于自杀。 更重要的是，这会导致扩大内需的政策落空。国内很多企业已形成很大产能，一边是生产出来的产品卖不出去，另一边则放进来大量进口商品跟国内同类商品展开不平等竞争。现在社会上崇尚洋货的多，更多人去买外国品牌，使本来就不足的国内购买力和内需市场更加不足。这样，国内企业、国内产品只有两条路：要么寻求更多出口，出口到世界的低端市场，要么就是死掉。所以，所谓降低或者放开中高档商品的进口环节的税无异于饮鸩解渴，与扩大内需战略，转变经济发展方式是背道而驰的。

叶力文（天津）最想知道

什么是遗产税？我国现行的遗产税政策大致内容是什么？

答：遗产税是一个国家或地区对死者留下的遗产征税，国外有时称为"死亡税"。遗产税是以被继承人去世后所遗留的财产为征税对象，向遗产的继承人和受遗赠人征收的税。征收遗产税，对于适当调节社会成员的财富分配、增加政府和社会公益事业的财力有一定的意义。遗产税常和赠与税联系在一起设立和征收。

尽管专家学者一直建议将遗产税立法，设立遗产税起征点，以及与之相关的配套政策。但我国暂时并没有出台相关具体规定的法律条文。

Gwen（上海）最想知道

中国人口老龄化日趋严重，"二胎"政策离我们还有多远？

答：2011 年两会期间已开始发酵的"单独可生二胎"（夫妻双方一人为独生子女，即可生二胎）传闻有了确实的进展。广东省已正式向国家提出"单独可生二胎"试点的申请，但能否得到批准，还要拭目以待。是"未富先老"，还是放开二胎，已执行 30 年之久的计划生育政策走到了一个十字路口。有关部门确实在考虑"完善"现行计划生育政策，部分地方领导已获知其内容。

讨论形成的倾向性意见是对放开"单独二胎"拟定"三步走"策略：2011 年，首批试点黑龙江、吉林、辽宁、江苏、浙江五省；其后，开放北京、上海、天津等六个左右的省份；其他省份为第三批。在"十二五"（2015 年底前）内，实现全国全部放开"单独二胎"政策。至于非"双独家庭"，也非"单独家庭"，何时开放"二胎"，暂无时间表。

Jeff（杭州）最想知道

马云曾经说过"员工第一，客户第二"后来又改成了"客户第一，员工第二"如何看待这个辩证的企业文化课题呢？

答：一定要排个第一与第二，这就是个假命题！客户与员工本来不存在第一与第二的问题，正如左右手，请问谁第一？！

客户是企业利润的实现源泉，是衣食父母。没有客户，员工都没有饭吃。没有客户，企业也就没了。所以，客户至上，好似天。员工的学习与成长水平，直接决定企业的成长与竞争力。没有员工或员工水平低下，也就没有了客户。所以，员工是本，好似地。

在企业文化建设中，仅有恰当的文字描述还远远不够，就以人为本来说，有些企业的现状是把以人为本当成了时髦用语，因为什么叫以人为本，或者你的企业里的以人为本内涵到底指什么？不同的人说出来的东西差别很大，那这不是企业文化，最多只能算是墙皮文化，而如果是墙皮文化的话，还不如不要，省得再次粉刷。

TIME TABLE

2011 年 7 月 10 日，发行量 269 万份的英国《世界新闻报》以一句“Thank You&Goodbye”，结束了自己 168 年的历史。默多克媒体帝国对独家新闻的永恒无限度渴求，引爆了这场声势浩大的“窃听风云”。不妨将目光回转，一同回顾传媒大亨默多克的扩张之路。

1993

新闻集团以接近 5 亿 2500 万美元的价格收购了星空卫视的大部分股份。默多克设法说服了联邦通讯委员会，从而获准再次收购《纽约邮报》，并允许新闻集团同时拥有《纽约邮报》、纽约电视台和福克斯下属的 WNYW 电视台。

1980

新闻有限公司更名为新闻集团。翌年，默多克从加拿大汤姆森家族手中成功收购《泰晤士报》和《星期日泰晤士报》。

1968

英国最大的星期日周报《世界新闻报》开始转手。当年 10 月，默多克购买了该报 40% 的股份。半年之后，默多克将另一股东卡尔赶下台，并占有 49% 的股份成为主席。

1953

父亲去世，迫使 22 岁的默多克从正在留学的英国牛津大学回到澳大利亚继承家业。经过清算默多克发现父亲的几家报纸处于亏损状态，于是他设法保留住了《星期日邮报》和《新闻报》两份报纸，而将其他报纸出售。

2010

8 月 9 日，华人文化产业投资基金（简称 CMC）与新闻集团联合宣布，双方已正式签署协议，CMC 将控股新闻集团原本全资拥有的星空卫视普通话频道、星空国际频道、Channel[V] 音乐频道，以及星空华语电影片库业务。

2007

5 月 1 日，新闻集团宣布斥资 50 亿美元收购《华尔街日报》母公司道琼斯集团。12 月，新闻集团收购了专门以宗教信仰和精神世界为主题的网站 Beliefnet。

1999

新闻集团收购了德国 Premiere 母公司 KirchMedia 的部分股份。默多克迎娶了比自己年轻 39 岁的妻子邓文迪。

1985

3 月，新闻集团宣布将以 2 亿 5000 万美元的价格收购 20 世纪福克斯电影公司 50% 的股份。10 月 9 日，新闻集团宣布建立美国第四家全国性电视网，默多克从此加入美国国籍。

1972

新闻有限公司开始了自己在美国的收购征程，先后从美国媒体巨头哈特·汉克斯手中收购《圣安东尼奥快报》和《圣安东尼奥新闻》。

1964

1964 年 7 月 14 日，默多克出版了第一份完全由自己创建的报纸《澳大利亚人报》，新闻有限公司收购了新西兰最大的媒体集团威灵顿出版公司的股票。

NO.1

EMMA BLOOMBERG
迈克尔·布隆伯格之女
家族净资产 180 亿美元

纽约市长、彭博社创始人布隆伯格的大女儿艾玛·布隆伯格哈佛毕业，拥有工商管理硕士和公共行政硕士学位，目前任职于罗宾汉基金会做高级规划员，并协助与麦肯锡等公司建立战略合作伙伴关系。

NO.2

ANDREA SOROS
乔治·索罗斯之女
家族净资产 140 亿美元

安德里亚·索罗斯是1993年成立的利众基金会的创始人和总裁。她通过外部赠款和直接执行的项目，在藏族社区投资总金额超过6000万美元。在纽约，基金会还开设了当代西藏文化图书馆。

NO.3

ROBERTA ARMANI
乔治·阿玛尼的侄女
家族净资产 53 亿美元

罗伯塔为阿玛尼贵宾部和公共关系部主任，负责与世界各地的关键客户联系，乔治·阿玛尼所有的国际演讲均由罗伯塔口译。“她让阿玛尼品牌获得了最大的发展空间”，这是叔叔给予她的评价。

NO.4

NISA GODREJ
阿迪·戈德瑞之女
家族净资产 52 亿美元

10年前，尼沙·戈德瑞加入戈德瑞集团，被任命为戈德瑞集团人力资本与创新部门总裁后，她负责管理超过2万多名员工。尼沙·戈德瑞在沃顿商学院获得了学士学位，并拥有哈佛大学工商管理硕士学位。

NO.5

DYLAN LAUREN
拉尔夫·劳伦之女
家族净资产 46 亿美元

迪伦·劳伦的身份也不只是拉夫·劳伦时尚帝国的公主，她还是世界顶级糖果店 Dylan' s Candy Bar 的创始人。在美国拥有5家商店，其中曼哈顿旗舰店拥有5000种糖果，以及非食品类的一些服装和美容产品。

豪门美女继承人

文 _ Sissi　设计 _ 团子

NO.6

JENNIFER WOO
吴光正之女
家族净资产 53 亿美元

吴宗恩成功地把传统百货商店重新定位为一家有活力的专业商店。她热衷于各种慈善活动，在公司160周年庆典活动举办的慈善拍卖活动上，将活动所获款项全部捐献给联合国儿童基金会的圆梦基金。

NO.7

ROSHNI NADAR
希弗·纳达尔之女
家族净资产 53 亿美元

罗丝妮·纳达尔自2009年4月成为印度计算机有限公司执行董事和首席执行长官，负责公司的战略决策和品牌建设。她还是希弗·纳达尔基金会的受托人，为了给农村儿童提供免费教育，她在北方邦捐建了维迪亚学校。

NO.8

HOLLY BRANSON
理查德·布兰森之女
家族净资产 53 亿美元

2008年霍莉·布莱登加入父亲的帝国，自那时起就在父亲帝国的多个集团工作。她同时还是卡特彼勒队的一分子，该团队发起的近20.8万人慈善马拉松活动打破了马拉松参与人数的世界纪录。

NO.9

AERIN LAUDER
罗纳德·劳德之女
家族净资产 53 亿美元

阿瑞恩·劳德于1997年至2001年担任雅诗兰黛执行董事，负责设计和提高雅诗兰黛的品牌形象。2004年起成为雅诗兰黛副总裁和创意总监，同时还是现代艺术博物馆的青年委员会成员。

NO.10

IVANKA TRUMP
唐纳德·特朗普之女
家族净资产 53 亿美元

伊万卡·特朗普不甘于总是戴着“地产大王女儿”的头衔。2007年，她推出自己的同名珠宝系列“Ivanka Trump Jewelry Collection”，还与食品巨头 ConAgra 公司合作，推出了自己的微波快餐产品。

抛家舍业奔政坛 从商由政为哪般？

文 _ Hoi-Chuen 设计 _ 舒帆

Yingluck Shinawatra

英拉·西那瓦

44 岁的女商人英拉·西那瓦出任泰国总理的消息引发关注。2002 年，英拉成为西那瓦家族旗下的 AIS 电信公司总裁。但在 2006 年，AIS 将其 49.6% 的股权出售给新加坡国有企业淡马锡集团，创下泰国有史以来涉及外资的最大企业并购案。英拉随后辞去 AIS 电信公司总裁一职，并加入家族另一大企业 SC 地产公司任执行总裁。

Chee Hwa Tung

董建华

1960 年，董建华毕业于英国利物浦大学，获得海事工程理学学士学位。随后，董建华在美国通用有限公司及家族公司任职。1969 年，董建华返回香港参与家族集团生意。1997 年，董建华出任香港特别行政区第一任行政长官之前，宣布自己将从家族企业经营中解脱出来，所拥有的股份和事业“托管”给其他的家族成员或机构。

Jon Huntsman

乔恩·亨茨曼

这位前美国驻华大使其实是家中长子。父亲乔恩·M·亨茨曼是著名企业家、美国最大化学公司亨茨曼公司创始人。洪博培 1987 年大学毕业后，曾进入父亲创办的亨茨曼集团，担任过集团董事长和CEO。但洪博培对经商毫无兴趣，没多久就离开父亲的公司。眼下，洪博培是美国民众热议的 2012 年美国共和党总统候选人。

Edmund Ho

何厚铧

何厚铧在澳门完成小学教育后，13 岁时便离家出洋留学加拿大，23 岁获多伦多约克大学工商管理学士学位。28 岁那年赶上家族危机，义无返顾地回到澳门打理摇摇欲坠的家族企业——大丰银行，出任常务董事兼总经理一职。1999 年，44 岁的何厚铧入主濠江，成为首任澳门特别行政区行政长官。

Heinrich von Pierer

海因里希·冯·皮

1969 年加入西门子股份公司金融部从事法律方面的工作，先后担任西门子公司执行委员会成员、西门子股份公司执行副总裁、总裁兼首席执行官等职务。在领导西门子的 12 年中对内部结构进行了大力的改革，并取得了显著的成效。但皮埃尔同时对政治也非常感兴趣，2005 年辞职后，被德国总理安格拉·默克尔任命为联盟党首席经济顾问。

Henry Tang

唐英年

唐英年的父亲唐翔千早年从上海前往香港创业，开办工厂经营纺织产品。改革开放后积极投资内地。唐英年曾就读于美国密西根大学，1976 年返回香港帮助父亲打理家族生意，他由最基层做起，一步一步管理企业。1991 年步入香港政坛，2003 年 7 起任香港特别行政区财政司司长至今。

THE WEDDINGS OF NABOBISMS 婚礼也疯狂

文 _ Sissi 设计 _ 盒子

在古代，皇帝的女儿是不愁嫁的，一边是王子伯爵达官贵人们排队提亲，一边是小公主和她身后的皇家联姻智囊团挑三拣四。而现如今，有些富商的女儿却很愁嫁，她们愁的不是众里寻他千百度，而是如何轰轰烈烈地打造一片灯火阑珊处。

Case I: 不求最省 但求最贵

印度传统婚礼历来就以耗时长、耗资巨、环节复杂闻名于世。这一切好似新娘手上盘根错节的曼海蒂（Mehndi，印度新娘出嫁时手上必画的图案），传统婚礼被印度人赋予了太多千端万绪的意义。

印度钢铁大亨拉什米·米塔尔（Lakshmi Mittal）拥有全球最大的钢铁集团 Arcelor Mittal，新娘老爸是钢铁首富，婚礼排场绝对不能马虎。米塔尔家族将婚礼地点选在了浪漫之都巴黎，总共花费了5500万欧元，打造了全世界最昂贵的婚礼。首先他用9.6万欧元租下昔日路易十四大摆筵宴的王宫——凡尔赛宫，又用5万欧元租下维孔宫和杜伊勒里花园，并在杜伊勒里花园里举办了盛大的焰火晚会，光芒甚至照亮了艾菲尔铁塔。

印度名厨马哈拉伊带着38位助手为宾客们献上了传统的印度大餐，整个晚宴总共喝掉5000多瓶法国名酒——“木桐·罗吉德堡”葡萄酒，仅此一项的费用就达150万美元。更让女宾客惊喜的是，婚礼结束后，她们每人都得到了一小袋精美的珠宝。

Case II: 不求最贵 但求最防备

雅典娜·奥纳西斯（Athina Onassis）的祖父是希腊船王亚里士多德·奥纳西斯（Aristotelis Onassis），这一身份为她带来无尽财富的同时，也使她从小陷入剪不断理还乱的家族遗产纠纷之中。

雅典娜从小乘坐的是防弹奔驰轿车，没有两位彪形大汉的保护不能独自外出。每天晚上，十多名保镖在她的别墅四周值勤巡逻。雅典娜出嫁，婚礼的保卫措施缜密到像是一堵不透风的墙，也就不会令人感到意外了。

雅典娜和她的丈夫阿丰索米兰达一共邀请了1300余名亲朋好友，动用了25辆防弹车。518名训练有素的保安在婚礼现场50米外设置了“人墙”警戒线，不允许任何人靠近一步。来宾所乘私家车全部被挡在500米外的停车场，来宾必须佩带验证身份的磁卡步行进入安检通道，通过两次金属探测，把照相机和手机等物品上交后，才获准前往秘密地点集合。婚礼用品供应商还被要求签订一项保密协议，如有违反，以罚款20万雷亚尔处置。

保安们刀刻一般的严峻表情和繁复的安防措施，给这场豪门婚礼蒙上了一丝不近人情的阴影。也难怪有来宾难掩无奈地向媒体透露：“这哪里是场婚礼，简直是场灾难。”

Case III: 不求最好 但求最省

当弗雷德·特朗普（Fred Trump）1932年创办其家族企业的时候，这家公司不过是纽约布鲁克林区的一家房地产公司。他的儿子唐纳德·特朗普（Donald Trump）于1968年加入家族企业后，这个家族的名字变成世界上最知名的房地产品牌之一，中国地产领军人物王石也以这家地产公司作为万科的榜样。

唐纳德外貌并非英俊，但因聪颖绝顶、幽默风趣，多年来活跃于房地产、赌场、娱乐界、体育界和交通界的投资活动。凭借这颗深蕴“交换的艺术”的无可匹敌的经济头脑，他把自己的婚礼通过谈折扣、拉赞助、协议交换等方式，最后将一场充斥着各类奢侈品的婚礼，硬生生砍到只花费百万美元。

唐纳德妻子克诺斯当天所穿婚纱，出自著名时装品牌迪奥的前首席设计师约翰·加利亚诺（John Galliano）之手，裙身由28位顶级裁缝耗费1000个工时才将它缝制完成，镶钻1500颗美钻又耗去550小时。这件婚纱零售价在15万到20万美元之间，唐纳德凭借私人交情仅以不到半折的价格将其拿下。

婚礼举办地点为占地700多公亩的玛尔拉格俱乐部，共有118个豪华套间。它最引以为骄傲的是造价高达4500万美元的大型舞厅，1000多平方米的地面全部由大理石铺设而成，装饰线条则是24K黄金。如此奢华的场所租金想必是非常可观，但是……新郎就是主人。

接班人的意志磨砺

文 _ 茅理翔
方太集团创始人，现任方太集团主席。创办了“慈溪家业长青接班人学校”，研究家族企业传承

传承是一个再创业的过程，期间会遇到更大的危机和挑战，接班人可能需要承受超过父辈创业时所承受的压力和磨难。有的二代想得很简单：接班就是传承财富，让以后的日子过得更舒服一点。这种想法过于幼稚。下面我给大家聊聊企业家的九大烦恼：

市场的烦恼。竞争压力大。上半年还是加班加点、供不应求，下半年就可能突然连订单都没有，不得不停线停产，出口企业要面对国外的贸易保护主义，内销企业要面对跨国企业的品牌竞争，这就是市场的烦恼。

成本的烦恼。原材料涨价，人力资本提升，管理成本上升，财务成本上升，公司开始微利，甚至亏损，怎么办？如何降低成本成为企业家随时都在思考的问题。

管理的烦恼。现代管理，越分越细，也越来越复杂。如今的管理与过去相比，员工的文化水平高了，索求也高了，工作效率却低了，管理上也越来越难。

招人的烦恼。现在的优秀人才要价很高，且不容易找到，来了之后又容易出现元老不服，文化不融，没几个月就走人的现象。近年又出现“民工荒”问题，企业订单积压，却招不到足够的生产工人，使得很多企业家一筹莫展。

发展的烦恼。企业家都有一个习惯——思考，天天思考发展。要发展就要研究战略，研究市场，开发新品，抓好销售。有的企业盲目追求规模化、多元化发展，导致人才跟不上，管理跟不上，结果就出现了严重的质量问题。连被管理界奉为学习楷模的丰田公司也由于企业过度扩张，超速发展，导致引以为傲的精细化管理出现纰漏，产品质量严重下降，屡屡出现召回事件，给企业造成了巨大的损失。

家族的烦恼。家族企业里，家族成员为了权力、利益、薪酬、职位等方面的特殊要求，矛盾重重，吵骂争斗。

应酬的烦恼。媒体、广告、协会、组织天天来电话，做一个协会副理事长就是3万，要你做副理事长的有几十家协会，你先不谈钱，光开会你就应付不了，还要请客吃饭，真的是忙不过来。有的政府部门，董事长不到，事情就办不成。

身体的烦恼。工作忙，休息少，应酬多，压力大，过度劳累现象很普遍，医院一检查就是三高，医生叫你多休息、少应酬、少喝酒，你能做到吗？有的企业家有心脏病、关节炎、肩周炎，一大堆炎症，出门都带着几瓶药。

失败的烦恼。企业经营中的失败有时候可能是致命的打击。昔日的香港“地产神童”罗兆辉，凭借独特的“胆识”及“眼光”在楼市与股市中连连得手，二十几岁就成为坐拥二十亿家产的楼市大亨。此后因在楼市上发展过快，受1997年亚洲金融危机拖累，香港地产价格回落，他在股市、楼市上齐输，负债累累，2000年12月因为破产，曾经在游艇上烧炭自杀，后被救活。一夜之间繁华都成过眼云烟，这样的失败体验是常人难以想象的。

企业家有九大烦恼，这些烦恼都是对企业家意志的考验。传承是一个再创业的过程，接班人可能需要承受超过父辈创业时所承受的压力和磨难，必须要磨砺出顽强的意志和坚强的信念。

这些烦恼都是对企业家意志的考验，如果没有顽强的意志和坚强的信念，是很难妥善解决的。那么如何来磨砺自己的意志呢？

首先，要坚定自己必胜的信念，这个信念来自于对自己使命的信心和决心，这种信念必须落实到行动，碰到任何艰难曲折都会勇往直前、顽强拼搏。所以，坚定信念是磨砺意志的第一步。

第二步，要能感同身受地去体会前辈攻坚克难、夺取成功的悲壮过程，这一段必须集中培训，专门去听、去看国际国内成功人士的创业史。案例要从不同角度，挖掘创业者艰辛历程和内心精神世界，讲解要由本人讲与别人讲相结合，讲解要感人，点评一定要深刻透彻，然后由学生感悟讨论。

第三步，心理咨询师的讲解和训练。核心是通过将压力变为动力、将苦难变历练、将奋斗当享受的教育，把学员从精神压力中解脱出来，达到一个磨难越大、成功越大的快乐奋斗人生境界。人活着就是为了解脱苦难，使更多人快乐，这就是人生价值的体现。

第四步，寻找自己的烦恼。主动找烦恼，主动设任务，主动去战斗，找出几个烦恼，把自己的解决方案拿出来与大家分享，互相切磋，互相讨论。

第五步，去企业实践。实践是最好的磨砺，因为在实践中会遇到很多难题，解决难题的过程就是磨砺意志的过程。找问题，定方案，去奋斗，可能会成功，可能会受到更大的打击，如何坚定信念不动摇，将成为磨砺心志的一个重要突破点。

第六步，反思反省，总结悟道，达到快乐奋斗、享受人生的境界，将感到轻松、自如、自由。

磨砺意志是修炼人生的一部分，还必须结合传统文化，结合道家修炼与儒家修炼的经典来修炼自己的意志，这实质上是一个修心的过程。所以必须集中在一个专修学校，通过共同学习、互相分享以及个人修炼相结合，通过系统修炼和个案辅导相结合来完成这个课程。

新青年与新公益

文_袁岳
零点研究咨询集团董事长

今天中国社会已经处在公益大发展的前夜，社会矛盾的增加在很大程度上表明行政化的社会管理模式，可以划一地解决某些问题，却不能精确有效地解决很多不同利益集团的特殊需要，也不能提供那些需要有公益热情才能做好的公共服务。公众问题中的很大一部分将期待由公民社会发育以后的自身能量加以解决，而青年精英将成为这股能量的重要组成部分。

很多人看到的社会的凶险，凶险需要担当，我们要学会担当；有人觉得社会黑暗，黑暗需要阳光，我们需要去成为阳光的力量；有人觉得社会混乱，混乱需要向导，我们需要先自己经历而后能导引别人；有人觉得社会功利，功利需要矫正，我们应该成为那首先慷慨的榜样。这里就是公益了。

年轻人，没有什么输不起，年轻人也不能做缩头乌龟。日本有老人在核电站突击队中挺身而出，难道我们今天社会中还要我们的父母与祖辈总为我们挺身而出么？所以，年轻人要积极投身到公益事业中来。

做公益不容易，现在的待遇也不高，有点苦大仇深的感觉。其实没必要，做公益必须要有热情和兴趣，更要有方法。民间公益组织就要有点独立的勇气与胆量，做得好存在，做得不好淘汰，不需要让政府或者他人勉强地让你活着。

青年人如何做好公益？我想强调三点，首先要积极创新项目。在捐钱和得钱中间有一个关键是项目筹资，人家给钱的原因是这个项目很好，所以愿意。在开发项目的时候，第一要知道这个项目价值是什么，要真正能够做出价值，还要主张出来。主张很重要，大家本来就是做这个事，干嘛老是像小偷，你做了有价值的事情，就要为这个价值去主张。

其次是要有多元人脉的观念，不要整天在公益圈呆着，要有穿越的意识，人脉多了就有了资源整合的空间。价值就是交易，就是这个地方有那个地方没有，在一个相对来说对公益不太熟悉、向往公益的圈子里面，你讲的东西才能有比较高的价值。他们会觉得做公益的人的人品好，你要把这个转变成为人脉好，比如说你给公司当义务公益顾问，慢慢的人家就可能与你合作了。

再次要重视领导者效应，一个领导者，除了凝聚资源，另外一个是有较好管理经验，这个仅靠懂业务项目是不够的，就像只懂技术不能做好公司一样，否则大家跟着你非常辛苦。

在如今的公益潮流中，我们可以看到四个强有力的新因素：一是公益今天的进步，不只原来的行政化模式需要在变革中调整，就是已经有的公益模式也面临着迅速改善的必要，否则面临着年轻人迅速崛起的公益热情，这些原来的模式正在变成限制性的框框。

做公益必须要有热情和兴趣，更要有方法。社会有很多场景，公益没有格式，我们希望青年人带入自己青春的创造，带来自己曾经有过的冲动与善意，把想变成动，把迟疑变成实验，把那些曾经有过的内在的美好带给社会。

二是公益的疆界正在明确地由原来济困式公益为主的模式，向发展型公益领域拓展，这使得公益的想象力、吸引力与拓展力大大加强，也让公益在丰富的同时获得活力。

三是公益的资源面正在扩大，原来比较僵硬的期待政府与富人支持的模式，正在快速地变成企业自主、群体动员、小额募集、网络动员等更多种更有传播型与感染力的可控发展模式。

四是人才结构正在发生变化，更多的受过良好教育与工作经验的年轻专业人员投入公益，大大提高了公益的质量与效率，也有助于强有力地改善公众对于公益服务的感受与形象

在新公益的发展中，出现了不少可喜的环境发展。不少地方积极尝试实行无主管的注册制度，为公益组织诞生提供了更为顺畅的支持服务。实验性政府采购与公益基金会的对外采购有所增加，从而为公益组织的多元化资源来源提供了现实可能。而包括科学松鼠会、黑苹果青年、雷励中国、赛扶等组织，正在探索出新型公益动员、行动管理与社会影响的崭新模式。

社会有很多场景，公益没有格式，我们希望青年人带入自己青春的创造，带来自己曾经有过的冲动与善意，把想变成动，把迟疑变成实验，把那些曾经有过的内在的美好带给社会。最重要的是，当我们每个人哪怕一点点公益的资源与意愿与其他人的公益资源与意愿结合的时候，微小就变成了超乎我们想象的力量。

管理能量而非时间

文 _ 陈雪频
哈佛商业评论社群总监

与其管理你的时间，不如管理你的能量！能量主要来自4个源泉——身体、情绪、思想和精神，通过形成特定的习惯，以上每个源泉都能为人类系统地增加并定时补充能量。

李先生在跨国公司工作，是一名高层经理。他的工作很繁重，每天要工作12个小时以上，很少正常吃饭，午饭经常是在办公室边吃边干，晚饭则是没完没了的应酬。自从上一次升职以来，他已经很久没运动了，身体也越来越胖。他的睡眠也不好，经常觉得心情沮丧，经常为一些小事发火，家庭关系也因此受到影响。他感到身心俱疲，甚至不想工作了。

李先生只是若干经理人的一个缩影。大多数经理人都面临和李先生相似的问题，他们最大的痛苦是，时间似乎永远都不够用，为了应付日益繁重的工作任务，他们大都用延长工作时间的方法来应对。久而久之，这种情况不可避免地影响到我们的身体、心理和情绪。对于企业而言，这种局面则导致员工的工作积极性降低、离职率居高不下、医疗成本激增。

要转变这种恶性循环的局面，关键在于转变思路。传统的方法是管理时间，但效能专家、Energy Project公司的CEO托尼·施瓦茨则认为，管理时间是不够的，能量管理比时间管理更重要。同样长的工作时间，由于能量水平高低的差异，导致工作效率差异很大，重要的是能让我们的能量能得到充分发挥，从而提高工作效率。与其管理你的时间，不如管理你的能量！

物理学将能量（Energy）定义为工作时可资使用的潜在能力。托尼·施瓦茨认为，对于人类来说，能量主要来自4个源泉——身体、情绪、思想和精神，通过形成特定的习惯，以上每个源泉都能为人类系统地增加并定时补充能量。所谓特定的习惯，就是有意识地按照严格的时间表进行日常活动，并尽快使它们转变为无意识的、自动自觉的行为。

能量的第一个源泉是身体。营养不良、缺少运动、睡眠不足和休息不够会降低人的基础能量水平，削弱他们的情绪控制力和专注力，从而导致低效率。通过规律饮食，按时作息，加强锻炼，可以大大增加一个人的身体能量，随着体能的增强，他们的工作效率也有所提高。如果你觉得忙，就更应该多运动，并保持充足的睡眠，这样可以大大提高你的工作效率。

一个很好的案例是星巴克的董事长霍华德·舒尔茨。他于2008年重新担任公司的CEO，拯救这家已经开始走下坡路的公司。为了支持高强度的工作，舒尔茨强迫自己每周有六天要去健身房，每天都要进食一大袋水果和农家奶酪。事实证明，健身不仅可以缓解工作压力，而且能保持身体能量，来应付繁重的工作压力。别总说没空健身，因为忙，更要健身！

能量的第二个源泉是情绪。大多数人都发现，当自己情绪愉快的时候，往往就是绩效最高的时候，而自己情绪低落时，自己做事情的绩效也会比较差。为了保持工作中情绪愉快，除了定期的工间休息之外，还应养成三个简单而有效的习惯：通过深呼吸放松自己；向他人表达赞赏，营造积极的人际关系氛围；换一种积极的方式来讲述自己生活中发生的事件。

能量的第三个源泉是思想。人在思想专注的时候，往往效率更高，能在较短的时间内完成更多的工作量。但很多人在面临很多任务的时候，往往会习惯性地同时处理多种任务，这样会让他们感觉自己很忙，但很快他们就会疲惫不堪，工作效率也不高。其实，最好的方式是每次专注做一件事情，比如说只在固定时段接发电子邮件，开会时不接听电话，等等。

人的专注力往往会伴随着工作时间的延长而下降，这往往意味着人的能量下降了。为了保持能量的平衡，除了每次只专注一件事情之外，在一段时间的高度专注之后，要适当休息。在托尼·施瓦茨看来，工作不是马拉松似的“长跑”，而应当是一段一段的“短跑”。在紧张工作90分钟后稍事休息，就能恢复能量，从而保持最佳状态，长时间地工作。

能量的第四个源泉是精神。当人们的日常工作和活动能赋予他们意义感和目的感时，他们的精神能量就会发挥作用。为此，人们需要理清优先事项，并以此为准在三个方面制定习惯：做自己最擅长和最喜欢的工作；有意识地为生活中最重要的领域分配时间和精力，认真工作，关心家庭、健康和他人；在日常行为中奉行自己的核心价值观。

管理好四个能量来源，你很快会发现，自己的工作效率大大提高，工作满意度也增加了。

欧美遗产税背后

文＿陈思进
加拿大皇家银行风险管理部资深顾问，畅销书作家，
曾为央视大型纪录片《华尔街》担任顾问

任何举动都不会是无缘无故的，背后总有潜在的动机，伟大的比尔·盖茨和巴菲特也不例外。富翁建立的非经营性私人基金，可以完全免税。他们将基金像企业般经营着，还落得慈善家的美名，又站到了道德的制高点。

夏天通常是富人环游世界的大好时光，阳光、沙滩、游艇、鱼子酱，真可谓 Life is beautiful! 而 2010 年对于美国的亿万富豪来说，可称得上为百年一遇、悲喜交集的年份。为什么这么说？因为美国富豪得到了政府的一项恩典，即在 2010 年去世的富豪，其财产得以全部地、一分不少地留给后代，政府无权“夺走”一分一厘。

然而，国会通过的这项法令，却令那些不愿交税的富豪无法欢天喜地起来，反而感到非常可悲。因为保证财产不被政府“盘剥”的前提是要赶在 2010 年 12 月 31 日前死去。于是有人开玩笑说：那些躺在豪华病床上的大富豪们，是否该考虑把周身的管子统统拔掉，赶在 12 月 31 日这天前死去呢？

因为在英美等西方国家，交付遗产税被视为天经地义，英国人称遗产税为“死者的责任”（death duties），而美国人则称遗产税为“死者税”（death tax）。由此，富豪对遗产税的态度便可略见一斑了。

美国的税法相当复杂，条款非常繁多，细文更是数不胜数，富人想“避税”，必须聘请最好的税法律师和会计师，去寻找法律的灰色地带，如华尔街设计的一些金融衍生品，就是富人“避税”的途径之一。我曾经所在的公司，就接过一位英国皇室成员的大单。这名皇家成员是著名的慈善家，她在非洲的几个慈善基金，专门用来帮助非洲国家建立学校、医院。我们公司的任务，就是帮助这位慈善家通过掉期交易，来免缴政府高昂的税额。公司接到任务后，会计师、律师和分析师全都调动了起来，帮皇室人员设计、计算、分析和研究，为她度身定做了一项十年计划的合约——股权收益掉期合同，“避税”五千万美元。

同样是富豪，让我们来看一看比尔·盖茨和巴菲特是如何看待和处理大笔财富的。特别是近来的新闻报道说，盖茨和巴菲特正游说全球富豪，希望富豪们把一半的财产都捐作慈善。先不理会富豪们是否响应他俩的“号召”，反正盖茨和巴菲特早在复征遗产税之前，就已经把全部身家都“捐干净”了。做出这样的善举，是需要勇气和胆略的。

比尔及梅林达·盖茨基金会是全世界最大的、操作最透明的私人基金，截至 2009 年底，基金捐赠规模达 335 亿美元。基金会有三个受托人：比尔·盖茨、梅林达·盖茨和沃伦·巴菲特。其主要目的是在全球范围内提高医疗保健和减少极端贫困，在美国扩大教育机会和获得信息技术。为了保持慈善基金的资格，基金会每年至少必须捐出其资产的 5%，也就是说每年起码得捐掉 15 亿美元。多了不起的善举啊！

可话又说回来了，任何举动都不会是无缘无故的，背后总有潜在的动机，伟大的比尔·盖茨和巴菲特也不例外。这点从比尔盖茨基金的类别上得到了印证——非经营性私人基金。这是美国国税局（IRS）为富人制定的一条税法条例，普通纳税人永远无法企及，这一条例就是 501c（3）条款。根据此条款，富翁建立的非经营性私人基金，可以完全免税。这种既可免去重税赋，又可获得社会声誉之善举，何乐不为？

众所周知，比尔·盖茨拥有的绝大部分财富是微软的股票，市值约 500 多亿美元。开个玩笑，假如盖茨先生赶不上 2010 年进天堂，那么到了 2011 年，如果他将财富作为遗产传给儿女，免税额为 1 百万美元，由其子女分摊，剩余的财富按遗产税率 55% 来计算，以转移产权生效之日的收盘价核算税额，他的儿女在接受遗产的当日，必须缴纳 275 亿现金的遗产税。

比尔·盖茨哪有这么多现金，他也无法出售股票。按照惯例，大股东出售股票必须经由董事会同意。如果比尔·盖茨一意孤行，为了儿女抛售股票，那么微软的股价就将狂跌，变成垃圾股也是可能的。他的儿女所持有的股票还有何价值？聪明的做法，就是把股票转赠给一个以他命名的基金，想怎么花就怎么花。事实上，比尔·盖茨夫妇将他们的基金像企业般经营着，还落得慈善家的美名，又站到了道德的制高点。与其“被”征税，不如“主动”按自己的心愿帮助别人，这样的心灵愉悦感，比得到任何物质享受都来得持久。

人性雷同。不管是东方人还是西方人，多半不愿“被”征税，那是法律强迫所致。美国富人捐赠巨额财富，与我们普罗大众一样就是不愿“被”交税。这也就是各种信托基金应运而生的缘由之一吧。

教会徒弟饿死师父

文 _ 苏建诚
上海交通大学海外教育学院教授，研究企业传承的著名专家

当下很多人在学习西方最现代的经营管理哲学，这些理论在运用时要与西方的文化相结合。套在国内的企业时，一定要看看我们团队的所有成员，是否在心理准备好接受新的运作模式？是否从内心思维模式上进行了彻头彻尾的改变？那么才有办法发挥团队精神，否则一切空谈。

自从改革开放以来，中国内地的企业已经发展至一定的规模了，大家开始意识到企业步向制度化的重要性。不可讳言的是，现今充斥在市面上的经营管理理论，绝大部分多来自于西方的管理模式。因此，就出现了"国际化"与"本土化"的两大不同派别的学说，各说各的好，至今也一直没有个定论。

在这里，请允许我先插入一个故事来说明东西方文化的差异：当年我的一位朋友服务于美国金融中心华尔街的一家基金投资公司，该公司主要的经营项目是做"企业并购"（merge）业务。专门以低价收购经营不善的企业，加以整顿让它步上正轨以后，再以高价出售给一些来美国的新移民，赚取中间的差价。听说利润相当的可观，当然竞标的过程就会很激烈，各种手段就会无所不用其极。此刻他真的体会到人类为了争利而"吃人不吐骨头"这句话的真实写照。

有一回，他跟卖方已经谈好价格，以二百万美元买下对方经营不善的公司。岂料在签约前夕，半路杀出个程咬金，对方反悔不卖了，这在华尔街是常有的事。谁出得起价格，就卖给谁，这是自由竞争的生存法则。占劣势的人永远不会死心，我的朋友几经打探，原来竞争者来头不小，后台是日本的某黑帮势力。生意人一般碰上黑势力，只有自认倒霉，往往会选择放弃息事宁人。他带着郁闷的心情，跑到酒吧和一群久未谋面的朋友喝酒一吐怨气。当提起此事时，他的老同学问他竞争者是何方神圣，竟然有此本事？真是应了一句俗语，一山总比一山高。原来他的老同学也是另一黑帮的老大，大家都是"同行"好说话，更何况对方还欠他人情呢。

是熟人就好办事，一通电话，对方马上爽快的答应退出。后来我的朋友以再加码 20% 的价格，谈成这笔并购案，双方皆大欢喜。朋友赶紧把这个天大的好消息告诉他的主管，这位主管就是领他进门的师父，平时朋友对他的师父是尊敬有加；可是在此重大利益的节骨眼上，不免也要为自己留下一点空间，于是自己再加 10% 的价格报给师父。主管闻言大喜，马上向上禀报，在董事会陈述谈判过程中，师父把一切的功劳尽往自己的身上揽，徒弟只有在一旁坐冷板凳干瞪眼的份。

令人更意外的是，师父自己再"暗杠"10% 的价码，向董事会说他以加码 40% 的价格谈妥此并购案。原来当时董事会曾授权只要再加价 50% 以内都可以接受的。朋友见到这种场面真是目瞪口呆，实在很不甘心他辛辛苦苦挣到的功劳，就此任人践踏付之流水。心想这可是他"出头天"的唯一机会，于是鼓起勇气要诸位董事稍候，他有重要电话要接，说完就径自走出会议室。不久回来，他当众宣布最新情况，对方接受只加 20% 的价格，谈成此笔生意。师父惨绿的脸色就这样被欢欣鼓舞的掌声给淹没了。

一喜一忧的师徒步出会场，师父抱怨他的徒弟太不讲情义了，骂他简直是个忘恩负义的家伙。徒弟闻言，好整以暇的淡淡回他师父说："This is Wall Street, you were saying to me before."意思是"这是华尔街，您一直这样教导我的！"师父听了，马上展开笑容，当场竖起大拇指称赞他已经"出师"了。而且马上接纳了他的这位高徒，变成一个很好的 partner（伙伴），从此大家平起平坐，因为师父心里明白高手对他自己的好处，这就是华尔街的精神。讲究的是团队的战斗力，团队要强，组织中的每一份子要尽量让他发挥战斗力，因为团队的竞争对手是在"外部"，不是"内部"。大家明白什么才是真正的利益共同体，要的是"结果"，只要对团队有利益的事，当然"过程"就微不足道了。这就是常说的只有水涨船才会高！

我希望用这个故事匡正大家的观念，东西方的文化毕竟有很大的区别。当下很多人在学习最现代的经营管理哲学，这些理论大多来自于西方。最重要的是，别忘了西方的人文素养，是可以容许有徒弟青出于蓝尤胜于蓝的文化；而在我们中国往往有"教会徒弟，饿死师父"的自私情结。当然要把最现代的经营管理哲学套在国内的企业，一定要看看我们团队的所有成员，是否有把心理准备好接受新的运作模式？从内心思维模式的彻头彻尾改变？那么才有办法发挥团队精神，否则一切空谈。

许仲翔
激情宽客
王海婷
不放飞的梦想
张云
自由如云
PEOPLE
人物

许仲翔

激情宽客

对于创业者来说，激情是不可少的。但金融市场风云变幻，充满了风险和欲望，又要保持一颗平常心。任何远大的目标都能量化到每一天的努力工作中，只要你永不放弃，同时又真的有那个能力，时间会证明你能成功。所以我们的策略很简单，就是永不放弃。

文｜张志峰 陆晓旭 艺术总监｜侯碧峰 创意执行｜盒子 摄影｜邱林春申
化妆、发型｜肖波

用一个或许不太恰当的说法，许仲翔是个矛盾统一体。

他从事的是虚拟经济——金融业，但却完全是用做实业的思维在做——创建了追踪企业基本面的锐联基本面指数。

他创业的原因是“这样可以主动的影响别人”，但他却创立了一只指数基金，用被动型的策略应对市场波动。

他在获得金融学博士学位后，没去华尔街稳定的拿高薪，而是冒险创业，但他在生活中却自称“怕死也怕痛”，不敢骑马，游泳也刚刚学会，因为胆小、害怕。

他渴望竞争，但他说竞争的目的不是为了打败别人，而是战胜自己。曾被《MONEY》杂志喻为与沃伦·巴菲特齐名的投资大师罗伯特·阿诺德成了他的合伙人。

他在谈论美联储是否会推出QE3、美国被降级这些金融事件时，思维缜密得像一架机器，但在照相机镜头面前却会不时的搞怪，最后high到拍起了半裸照。

他有一副东方的面孔，却在西方成长和求学，深谙两种文化和规则，他把事业做到世界各地。

还有，他是一个大脑发达的金融男，更确切的说是用复杂的数学模型做投资的宽客，但他在生活中却充满激情，有着一身健美的肌肉……

虚与实，主动与被动，冒险与保守，竞争与合作，理性与感性，东方与西方，灵与肉，就这样和谐的统一在许仲翔身上，或许只有一颗强大的内心才能将这些矛盾的东西融合在一起，而内心的强大往往源于信念的坚定。

是什么样的信念？要为华人在世界级的金融投资领域争得一席之地，还是要传承家族的精神和荣耀？许仲翔没有说，也不会说，他不喜欢把口号挂在嘴边，他始终相信：事情是一点点努力做出来的，即使是面对风云变幻的金融市场，亦是如此。

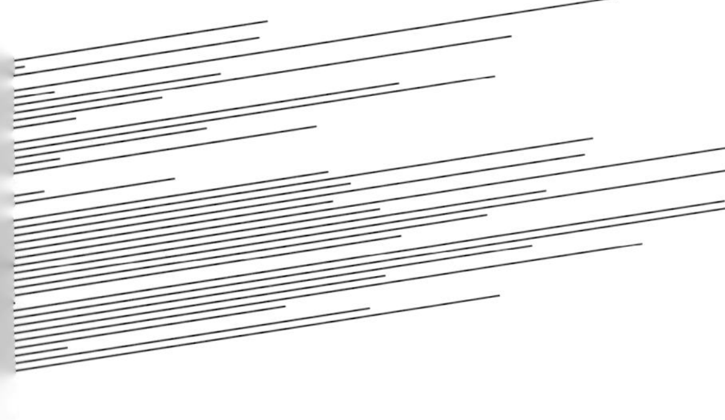

“很多事情起起伏伏很正常，心静下来，事情往往不像你想的那么糟。如果事情发展的方向是正确的，出路就会自然而然看到了。只要你工作努力，永不放弃，同时你又真的有那个能力，时间会证明你能成功。”

别急，一点点做

金融市场瞬息万变，讲究的一个字就是“快”，不过，许仲翔练的却是“慢功夫”，当然，他是一名宽客——靠数学模型来分析和投资金融市场的人，所以急不来，电脑程序已经把心理情绪hold住了。

但即便如此，许仲翔做事的稳健和徐徐图进的风格也和掌管着800多亿美金的“资金大鳄”形象相去甚远。2002年，许仲翔刚刚创立锐联资产管理公司的时候，只有3名员工和极为有限的资金。这个在大学里曾经叱咤风云的人物，创业初期也异常艰难。在金融领域，客户一般不愿意和规模小的新公司合作，所以在资金募集上，遇到了很多困难。

但许仲翔始终坚信最简单的道理，只要努力工作去创造高质量的产品，最终会取得成功。公司多生存一个季度，就增加了一个季度的资历，这样一步一步做下去，随着投资绩效的不断提高，用户群也庞大起来。而他最开心、最关心的事不是资产增加多少了，而是有越来越多的人开始信任他们了。很快，公司进入了高速发展的轨道。

许仲翔的这种信念很大程度上源于父亲，父亲常说：“遇事不要急”。每当许仲翔遇到困难时，就会用这句话来提醒自己。父亲觉得年轻人刚开始遇到问题，会觉得这个事情非常严重，但急起来、情绪化起来势必做决定就会有偏差，所以不要急。很多事情起起伏伏很正常，心静下来，事情往往不像你想的那么糟那么严重。如果事情发展的方向是正确的，出路就会自然而然看到了。

许仲翔一家祖籍泉州，很早就来到台湾，他出生在台北、父亲出生在彰化。以进出口贸易起家的父亲做了很长一段时间的台商会长，在业界有相当的影响力。父亲做实业的思维对许仲翔的事业影响很大，虽然许仲翔从事的是金融投资，但他和合伙人创建的RAFI（锐联基本面指数）完全追踪企业的基本面，与各种主要的财务指标挂钩，反映企业的市场竞争力与发展潜力。如果不是非常熟稔实体企业的运作，根本就无法设计出能抵抗市场波动的指数，这与金融投资中的博傻游戏是完全不同的两种思维。

锐联基本面指数基金能做到这么大的规模，得益于募集了许多国家主权财富基金和养老基金，如果没有过硬的产品设计和很好的营销策略显然是做不到的。其实这与做实业的很多道理是相通的，都要讲究诚信。比如在营销策略上，只要别人相信你是个诚实的人，诚实的公司，拥有不错的产品，不需过度地推销，当有适合的时机，生意自然会找上门来。

就这样，面对起起伏伏的金融市场，许仲翔始终保持着一颗平常心，他不会羡慕别人一夜暴富，只是扎扎实实的做好产品，收获一个个客户的信任，得到稳定的回报。量化投资本身是为了规避人性的弱点，但有时反倒会将弱点放大，长期资本管理公司倒闭就是一个例子，它将数学模型神话了。而许仲翔把做实业的思维融入到金融投资中，像海狸筑坝一样不断收集信息，完善模型，让产品精益求精，这反倒回归了金融的本质。就如摩根时代，金融就是诚信，是高品质的产品和服务。而如今，则被贪婪和欲望所主导。

许仲翔青春热血时认为自己是个超人，只要他想做的事情，都尽量做圆满，但后来他渐渐发现，真正成功的人不是神，能做的事也有限。很多事情要去权衡先做哪一件，不是所有事情都去做，都做可能都做不好。重要的先做，不重要可以等一下再做，甚至不必做。明白这个道理后，做事情就更有效率了。

“通过竞争能让你更成功，要以正面态度经营自己。强调我比别人强，这不是正面经营自己，真正应该做到的是今天的自己要比昨天强。多学习，是对自己最好的经营。”

唯一需要打败的是你自己

耐得住寂寞，经得起诱惑，这几乎是成功者必备的素质，身处瞬息万变、欲望交织的金融市场，更需要很深的定力。

PROFILE

英文名：Jason C. Hsu
个人爱好：游泳、篮球
毕业院校及学历：
美国加州大学洛杉矶分校 金融学博士
斯坦福大学商学院 金融学硕士
加州理工学院 应用物理学和经济学双学士
接力中国青年精英协会会员
公司及职位：
锐联资产管理公司 首席投资官 CIO

与每一位青年企业家一样，许仲翔的成长历程中也经历了诸多磨砺，才练就了一颗平常心。

许仲翔 11 岁到的美国，这个脸皮薄又内向的男孩，自尊心一度严重受创。因为再也不像以前一样是班里的第一名，甚至连简单读一个课文都读不通畅，整天被罚考试。成绩差又自卑，讲话也不能很好的表达自己。于是在学校的前三年，基本都没怎么说过话，以前一番风顺的生活一去不复返。

不在困境中沉沦，就在困境中奋进，许仲翔选择了后者，通过努力，考上了加州理工大学。大学第一天，大家坐在行政厅前面，校长说，你们大部分人是高中第一名毕业的，从现在开始你们有一半的人将在平均水平以下。许仲翔一听，有点懵。

本是天才的许仲翔也会嫉妒，因为在加州理工，每年只收 220 个学生，都是顶尖的人物，这才发现什么叫“人外有人，天外有天”。于是，他只能加倍努力。另一方面，他也渐渐的悟到：一个良性竞争的环境不是要拼个输赢，而是要在竞争中不断学习。有价值的不是你比别人好，而是通过和优秀的人竞争让自己变得更好。不断在挫折中激发更多的勇气，这才能真正适应棋逢高手的竞争。要以正面态度经营自己。强调我比别人强，这不是正面经营自己，真正要经营的是今天的自己要比昨天强。多学习，是对自己最好的经营。再聪明的人，也不能一个人把微波炉、半导体什么的都发明了，大家其实各有所长，要互学互长。

这种心态意味着许仲翔已经具备了较成熟的商业思维，懂得合作共赢。在 UCLA（美国加州大学洛杉矶分校）获得的金融博士学位后，他就利用这张“名片”，再加上学术课题的研究成果，搭建起了锐联资产的初步架构。同时，也找到了非常优秀的合伙人——罗伯特·阿诺德。

一个人的成长是在不断的遇到问题、解决问题中实现的，当给自己设置的挑战越大，那么可能经受的磨难就越大，成长也就越快。刚从学校毕业就开始创业的许仲翔，必然要经历这个阶段。

2006 年，由于公司的扩张速度太快，资产管理规模越来越大，整个公司的人力资源、硬体软体设备等，都有点跟不上步伐，公司经营得很不顺利。管理层开始渐渐出现摩擦，表面的平和之下，实则互相嫉妒。

新的公司、人员经验不足、文化比较不成熟、越来越多的猜忌……这些问题慢慢暴露出来后，让本身经验也不足的许仲翔颇为头痛，初创公司时的斗志和精神，在实际管理上仿佛有些无力。在那段艰难的日子里，他首先反省，自己并不是一个很好的管理人。也许有些人并不一定信服他的方法。

没有不同声音是企业最恐怖的事情，在“真空”中做出的决定，再英明的人都做不好。许仲翔开始思考怎么做才能让大家把自己真正的想法或不满表达出来，创造一个好的工作环境。如今，许仲翔已经学会如何聆听别人想法，从而不断反思、改进，让公司的环境有了很大的改善，管理变得卓有成效。

从一个金融专业人才到一个出色的管理者，这样的跨越同样是一个挑战自身的过程。母亲从小对他的教导在其中也起到了重要的作用。母亲总是说：“对自己的行为要负起责任，要有担当。”“对所有占你便宜的人应充满感谢，因为正是这些人给了你机会学习更多的人生经验。”“没有一个人的成功是自己努力得来的，通常都是你身旁的人付出了很大的牺牲，才成就了你最后的成功。”

这样的谆谆教导很多，许仲翔都时刻记在心里，在成长过程中不断的警醒自己。每一个人都会有这样或那样的弱点，比如自卑、胆怯、狭隘、孤僻、自负，失败者往往会让这些弱点伴随一生，刻意回避，而成功者正好相反，他们能够战胜自己，这是比打败别人更难的事。

“你的命运要掌握在自己的手上，你越成功，就会影响更多人，而这种能对别人产生一定影响，正是我所追求的。

激情可以量化

无论是稳健的处事风格，还是在逆境中的隐忍，以及其所从事的量化投资，似乎把许仲翔定格在了一种理性、刻板的形象，实则不然。许仲翔更有感性、激情的一面。否则他也不会对身边的人充满感恩之心，也不会一毕业就创业，更不会在拍照时具有如此强的表现欲。

许仲翔的学历足以保证他一毕业后就进入华尔街的顶尖投行享受高薪，或者是在高校任教，但他却选择了充满艰险的创业之路。或许是受父亲创业的影响，许仲翔很早就认识到：你的命运要掌握在自己的手上，你越成功，就会影响更多人，而这种能对别人产生一定影响，正是他所追求的。

如果和同学一样去华尔街的顶尖投行，从定价、研究开始做起，许仲翔很清楚知道未来五年十年后的人生是什么样子，有很多理想就不能去实现了。若教书的话，六年以后升副教授，再过几年成为全职教授，随时走这些路随时会有这样的机会。而跳出来创业，则是一条未知又充满刺激的路。当然也会很有成就感，“成全”了许仲翔影响别人的愿望。

只是，许仲翔会把激情隐藏起来，而表现出循规蹈矩、按部就班。许仲翔的一天常常是这样度过的：早晨，查看今天的 email，浏览客户信息，再看看公司需要他签字同意的文件；上午，在公司，开各部门的会议；下午接待访客或与客户开电话会议，讨论市场的动态，交流看法；晚饭过后，做一些自己的事情，翻看公司的研究报告和其他教授的研究论文，然后睡觉。周而复始，循环往复，似乎像量化投资的程序一样。但任何伟大目标的实现，不都是需要量化到每一天的努力吗?

许仲翔对风险的看法也充满矛盾，他自称很胆小，不敢骑马，游泳也是刚刚学会。但他却敢走出校门就创业，敢操作 800 多亿美金。这到底是风险偏好型还是风险规避型呢? 或许，这就是一种宽客人生，将风险和激情量化。没有激情的人生是乏味的，但只有激情的人生是盲目的，成功的人生是建立在有效风险管理基础上的。每一位年轻的创业者，都会有这样的感悟吧。

TIPS

许俊达（Stanley Hsu）

许仲翔的父亲。现任世新集团董事长、福建台湾商会荣誉会长。自 70 年代开始创业，曾任隆发企业董事长，该企业专营大中华地区与欧洲和中东地区的国际贸易。1990 年在福州投资成立“和光纺织”；之后在福州又投资了“承展纺织”及世新投资顾问及资讯咨询公司。1994 年参与福州台商协会创会并任会长，开始积极投入台商及两岸事务，帮助福州台商在福建地区建立了很好的商业关系，通过努力，本着互相合作的观念促进了中国本地经济的发展。现营的世新集团（控股公司），主要在房地产开发项目、健康、spa 连锁店和餐厅等领域投资。集团未来的目标是拥有并且管理在中国的主要零售实业。

罗伯特 · 阿诺德 (Robert Arnott)

许仲翔合伙人。锐联资产管理公司的执行长。曾被《MONEY》杂志喻为与沃伦 · 巴菲特齐名的投资大师。还曾担任 First Quadrant 量化投资公司主席、CIO(首席信息官) 和 Salomon Brothers 全球证券策略分析师，First quadrant 是一家在资产分配策略领域管理着 200 亿美元的量化资产管理公司。此外，他也曾担任 CFA 机构旗舰刊物《Financial Analysts Journal》的主编，目前是该期刊的顾问委员。

锐联资产管理有限公司

由罗伯特 · 阿诺德 Robert Arnott 和许仲翔（Dr. Jason Hsu）于 2002 年创立，位于美国加州的新港湾市 (Newport Beach, CA)，是一家专精于以数量化模型投资方式来对投资组合进行创新优化管理的资产管理公司。在全球量化资产管理领域被广泛认可。主要的投资产品和服务是提供基本面指数 (Fundamental Index®) 和全球策略性资产配置 (Global Tactical Asset Allocation) 的投资策略为主。目前全球透过锐联公司投资策略所管理的资产已达 850 亿美金。公司的目标：为投资者提供高附加值的创新产品

Q&A

FG = 接力（FORTUNE GENERATION）
X = 许仲翔

FG：在近10年工作历程中，您认为自己最大的成功在哪？

X： 我最大的成功就是和合伙人一起创建了RAFI（锐联基本面指数）。基本面指数投资策略，是以基本面分析结果为选股标准，而非传统型指数，仅以市值为准，因此追踪基本面指数的基金绩效表现比传统指数型基金更好。目前，基本面指数投资策略已被业界视为最快达成1000亿美金资产的新投资策略。

FG：锐联资产管理公司过去几年的业绩怎么样？

X： 在美国，过去五年，锐联资产管理公司的基本面指数投资报酬超越了大盘2.5%，在全球范围更是超越大盘3.5%，绩效相当不错。从2005年发行指数产品以来到今天，全球大概是450亿美金在跟踪我们所开发出来的基本面指数。

FG：您觉得被动式投资的优势在哪？

X： 被动投资其实在市场上有着相当的市占率，很多投资者，比如大型的养老金、大型的主权基金，他们有几千亿的规模，如果拿出一千亿来，不可能都放到主动基金那里管理，一千亿砸下去，很多主动型的管理策略是不能掌控这么多钱的，他们往往会选择将很大一部分资金去做被动式投资，他们在追求市场平均回报时也要取得合理的风险贴水。而被动投资这个策略很透明化，他们需要很清晰的了解产品的风险在哪里，所以过去几年被动式产品资产增长相对要快，我们一直在跟踪趋势，研究如何去占领这个市场。

FG：这种被动化的投资方法在中国内地会水土不服吗？

X： 我认为，将主动式和被动式搭配才有效率，两个是相辅相成的。而我们的基本面指数方法，做被动式投资最有效。当然，这个还要配合国内的生态再去做优化和改良，如今我们已经和中证指数公司合作了，他们了解国内的资本市场，了解国内上市公司的特性，配合他们可以让自己的产品更优化，这种方法在国内还是相当有效的。

FG：目前中国有哪些公司在用你们的基本面指数产品？

X： 中国的平安资产管理、丰收基金和嘉实基金（Harvest）和博实基金（Bosera）都在使用RAFI（锐联基本面指数），建信基金（CCB）和易方达基金（eFunds）也很快就会启动他们的RAFI项目。

FG：未来，在中国，锐联资产管理公司有什么计划？

X： 未来，我们在中国希望把被动化的投资方法推广开来。很多公司可能不愿意去推广，其实最成功的资产公司很多都是被动型的，比如美国著名的领航资产管理公司，就是从被动投资开始。这个理念在中国推广，有很广阔的市场空间。“中国是我们一个重要的市场。”我们已经计划在香港设置一个办公室来服务整个大中华区域。同时也在酝酿开一家合资公司。

FG：您有没有像巴菲特这样的投资偶像？

X： 我觉得把目标建立在模仿巴菲特上，或许不是一个很有意义的事，他们经营了好几十年。那么多有能力的人竞争，最后才有一两个人成功，很多人即使经营好几十年也没办法达到那个水平，对待这个问题要有非常清醒的认识。
如果你很幸运成为那样的人当然最好，但是有一点可以确定，只要努力就会有一定的效果。

FG：最后有个私人的问题，您业余时间喜欢什么运动？

X： 以前，我非常热衷打篮球，现在已经很久都没打了，因为大家都太忙了，想凑齐起码的六个人都很不容易。游泳最简单，早上一起来睡眼惺忪，把自己扔到水里，头脑会非常清醒。以前我是不识水性的，小时候冲澡的时候都感觉呼吸不过来，非常怕水。但为了克服恐惧，我也开始尝试学习。因为常出差，没办法找教练教，所以就看Youtube自学。以后我会学高尔夫，应该会很有挑战。

（《接力》：感想敢闯的许仲翔，连学游泳都这么别具一格。）

接力缘分

许仲翔有个很妙的理论：成功（100%）=知识（30%）+人脉（70%）。这或许是他加入接力中国青年精英协会的动因之一。
经过好友介绍，许仲翔认识了协会理事长陈豪，顺利地找到了自己的圈子。他认为不管是在欧美还是亚洲，人脉非常重要，透过人脉能取得资讯、经验。不是什么事情都要自己去“磨”，这样没有效率也会很累，效果也不一定很好。和优秀的人接触讨论，你的视野才能全球化。在接力中国青年精英协会里，大家都是精英，这些二代企业家传承了上一代的经验和知识，通过这个平台来互动，累积经验和知识就会加倍快。

GRAB YOUR DREAMS
不放飞的梦想

文＿张志峰　摄影＿郭杨　场地提供＿年度葡萄酒俱乐部　设计＿盒子

1987 年出生的王海婷，年纪轻轻就做了很多“大事业”。她是个理想主义者，但不会将这些看似遥远的梦想放飞，而是抓在手中，默默的实践。

王海婷1987年出生，有着与其年龄不相符的丰富阅历，她的人生经历甚至可以用“大开大阖”这样的词来形容。从天才电脑儿童到亚太与美国经济峰会的策划组织者，从在印度贫民窟拥抱艾滋病女孩到顶级商务宴会上的衣香鬓影，王海婷跨越之广、转变之大，是大多同龄人无法比拟的。这样的经历所磨砺出的那种平和与练达，对于当今时代的中国青年财富精英来说，亦是一种稀缺的品质。

王海婷是个有想法的人，在一般人眼里，有些想法像是在做梦。当然，如果只是想而不做，那梦想就是一场幻梦而已。但王海婷最忌空谈，所以这个小女孩干出了很多“大事业”，而梦想成真的一天又是新的开始。或许正是由于不断的追梦，才塑造出如此丰富的人生。在王海婷看来，只要有梦想，就无所谓失败。

天才电脑儿童

如今的王海婷，是知名的海外华人青年精英组织－伍星会的创办人，大学时期就独立操办过规模在300人左右的国际会议，即便是刚刚举办过的个人生日宴会，也称得上是一个名流云集的大party。谁能想到，善于交际、人脉深厚的王海婷在小时候曾被老师认为有自闭症，而且在大学之前，还是个“学术小超女”。

“我刚出生时，身体有很多问题，父母都可以有指标生第二胎了，你说我有多惨”。王海婷的表情倒没有说得那么惨，反而觉得挺有趣，当然还有一丝感动。“刚生下来时在急诊室里呆了一周，爸爸在外面一直守候着，掉了二十斤肉。二岁时开始戴眼镜，在幼儿园里不爱跟人讲话，感觉受到歧视，被老师怀疑今后不能在社会立足。幼儿园上了两年就没再读，去做眼部手术，由于年龄太小，不能全身麻醉，疼得在病房里喊了一个多小时，后来发出的声音都是哑的”。

“年纪这么小，怎么遭这么大的罪”，王海婷的妈妈曾因此掉眼泪。或许是天妒英才，所以当王海婷天才的一面展露出来之前，必然要经历这些折磨。还好，这个时间并不太长。王海婷在小学时就聪慧过人，门门课都是优秀，很讨老师喜欢，常常是身兼数职。老师不在的时候，她俨然就是一个小班主任，特有领导范儿。原本很内向、一讲话就脸发烫的王海婷，经过不断的锻炼，变得愈发外向和自信。

开始时，王海婷的天才特质表现在计算机上，初一的时候她就开始考计算机等级考试，13岁时开发了打老鼠的Flash游戏，14岁创建了自己的网站，16岁开始写论文。一篇是关于十进制与二进制转换；另一篇是关于H.264视频编码，主要内容是怎么让两个人视频对话时图像又清晰，占的带宽又少。

王海婷笑称当时自己很“学术”，看了很多计算机方面的书，参加各种比赛，比如全国的青年科技创新大赛、“明天小小科学家”等，获得一系列奖项。这都是国内高中生最高级别的比赛，获奖者可以直接保送清华北大。当王海婷在高一写完第一篇论文时，就知道自己保送已经没问题，接下来的高中时间基本在图书馆度过，第二篇论文是中科院自动化所的博士生课题，这篇论文获得全国计算机学科的前十名。

“很多朋友都说我没有童年”，王海婷说：“因为他们看的电视剧，追逐的粉丝我都不知道”。当然，王海婷也有自己的偶像——朱元晨，第52届英特尔国际科学与工程大奖赛五个大奖的获得

者，这是第一个中国人获此奖项，天上一颗小行星以他的名字命名，他也是唯一一个中国高中生被邀请到诺贝尔奖颁奖现场的人。

就是在今年三月份，王海婷第一次在哈佛见到了自己的偶像。朱元晨对她说："不好意思让你崇拜了我这么多年，但我还是没鼓励好你，因为你放弃了科学的道路"。

在磨砺中成长

"我的每次转型都是顺其自然，没有怎么挣扎过"，王海婷说。在写论文的时候，王海婷要读很多书，要作图，这就已经很"文"了，而高中毕业后，她参与联合国的一个项目去印度做调研，这次经历更让她彻底的弃理从文。

王海婷在印度给农村妇女做关于艾滋病防治的教育，与艾滋病儿童一起吃饭、玩耍，克服了恐惧感，也体验到了贫穷落后地区的恶劣生存条件。当她听项目负责人在联合国演讲，谈到印度的疾病防御，谈到收留印度流浪儿童，让他们以后能够找到工作、组建家庭。突然觉得以前做的很多事情没意义，太空谈了，她要去做 NGO，要去联合国，去世界银行……

"从小到大我都比较理想主义，想做什么就去做什么。不因为外界的压力而改变，全凭自己的兴趣"王海婷从小算是个乖乖女，虽然长大后有点小叛逆，但越来越能理解父母对自己的支持和包容。"其实他们心里肯定也有很纠结的地方，如果再保守一点，我的很多事情就做不成了。这个社会给你的条条框框太多了，家长给你的压力，身边人给你的压力。跳出来做自己喜欢的事很难。从这点来说，我很幸运"

少儿时代，父母的包容赋予了王海婷自由乐观，敢作敢为的一面。但另一方面，如果缺少了规范与磨砺，显然也不助于一个人的成长。更幸运的是，王海婷在赴美留学期间，遇到了一位严厉的"导师"，让她在青春叛逆期，反倒变得成熟稳重，明晓人情世故。

这位严厉的导师是王海婷的表哥，加州大学伯克利分校的教授，虽然只有 34 岁，但也算是老华侨。刚到美国时，表哥没有帮王海婷收拾行李，没有教她怎么还信用卡，甚至在一个陌生的地方会把她丢下不管，还不停的骂她太娇生惯养，直到骂哭。本来觉得自己很优秀，有点大小姐脾气的王海婷，这次彻底的被"修理"了。但王海婷很感激自己的表哥，是他让她变得谦虚、独立、做事情更认真、注重细节，把她一点点塑造出来。

理想主义者一般内心骄傲，而常表现出自由散漫、孤独、不善沟通、忽视细节，这样的理想主义者很容易一脚踏空。王海婷是在脚踏实地的追逐梦想，很多宏大的计划从她嘴里说出来让人觉得很靠谱儿，而这些计划她也确实的实现了。

人生开始做减法

王海婷是被美国弗吉尼亚大学理数基础班（Science Honor Program）破格入取的，上大学之前先去了印度，回来后就不想再读理科了，申请转系，但弗吉尼亚大学没有同意，于是在工程学院读了一年数学，物理，化学的纯理科。第二年转到商学院，弗吉尼亚大学商学院的本科全美排名第一，但这也没留住王海婷，大二结束后又转学国际关系。

王海婷在大学期间最重要的实践活动是主办"亚太与美国经济峰会"以及创办"伍星会"，亚太与美国经济峰会在北京、华盛顿和纽约各举办一次，规模在二三百人左右，从策划到组织实施，王海婷几乎是一手操办。后来，她又把工作重心放在伍星会上，伍星会是以海外华人为主体的青年精英组织，陆克文的女婿，新加坡首富、信和集团创始人黄廷芳的孙子，台湾新光集团、吴氏家族的继承人都是会员。对于世界各地很多知名的家族，伍星会都有渗透。

"我是一个喜欢交朋友的人，伍星会未来怎么发展要看会员的想法，伍星会是一个为大家服务的地方，大家觉得需要什么，我就去做什么。我没有一个宏大的想法，但我会踏踏实实的做，让会员在这里得到真正想要的东西，而不是空谈。"

王海婷在伍星会上投入的精力不是很大，但非常用心。因为做这个俱乐部给她带来非常多的快乐，看到这些会员的经历，发现生活可以如此精彩。她欣赏身边的每一个朋友，这是做这个俱乐部的最大动力，甚至将其发展成为终身的事业。

王海婷总会在别人面前提到台湾新光集团的未来接班人，因为这让她看到一个成功的人，是那么的富有个人魅力。"跟这样的人打交道，是一种享受。他在信息的处理上，非常迅速、认真，说到什么就能做到。他很谦恭和坦诚，即使是在成都投资一个项目被合伙人欺骗的经历，也不因为怕丢面子而隐瞒。其实他已经非常成功，在纽约炒对冲基金，赚了很多钱，是 playboy 最年轻的董事会成员，眼光也非常独到，投资了盗梦空间这部电影。美国最有名的 show——每月最佳玩伴，由他帮着选……"

我从小就是个理想主义者，很幸运的是每一次转折都是顺理成章。我总标榜自己是成功的，从来不说自己失败，因为只要有梦想，就无所谓失败。

在纽约，肯尼迪家族投资的"道"酒吧里，王海婷亲眼见到西方白人对这个台湾华人的尊崇。她意识到，伍星会还有一个重要的使命，就是能引导中国大陆的二代或三代青年精英们，成为世界公认的贵族。王海婷看到全世界很多知名家族继承人的风貌，非常的绅士，中国内地的青年财富精英与之相比还有很大的差距。在巴黎上流社会圈唯一一个专门为外国名媛打造的高级舞会——"克利翁名媛舞会"上，已经出现过一些华人的身影，如万里的孙女万宝宝、陈云的孙女陈晓丹，王海婷希望能有更多的华人闪现其中。

计算机学术研究、参加联合国公益项目、创办科技公司、组织国际会议、成立伍星会，年纪轻轻的王海婷已经做过太多的"大事情"。她认为年轻人就应该多尝试，不要怕失败，让一个个梦想充盈现实的生活，这样的生命才有意义。

"我的人生也开始在做减法了"，王海婷对此很清醒，要专注于一件事。她计划成立一只股权投资基金，利用自己的人脉，寻找专业人士，去投资优秀的项目和企业。"很多人说这个市场有泡沫，但并不意味着没有机会。成功的人和企业，是能穿越经济周期的，就像互联网虽然经历过一轮泡沫破灭，但仍然不断的从中诞生伟大的公司"。

出生于石油世家的王海婷，既继承了父亲的严谨、理性，也带有母亲开朗、活泼的基因。她有点天才的成分，但更多的是靠自己的努力，完成一件件她这个年龄很难做到的事情。王海婷或许还没有取得更广泛的公众所认可的成功，但她的人生无疑是成功的，因为非常的充实和有意义。她永远在追逐梦想，不务虚、不空谈，默默的实践。

WITH SOARING ASPIRATIONS

自由如云

文 _Sissi 设计 _ 晓燕

以上海浦东新区为蓝本的南昌红谷滩新区，和南昌老城区隔着比黄浦江更宽的赣江。经过十余年开发，如今的红谷滩新区已是高楼矗立，车水马龙。新区的中轴线旁边，是江西唯一的 CBD。一个叫“唐宁街”的楼盘，位于 CBD 的黄金位置，张云正是“唐宁街”年轻的掌舵者。

与许多接班人的成长轨迹相似，张云先是经历海外留学，再到大型上市公司磨砺锻炼，最后继承家业，这一路张云“折腾”了十年。

十年磨一剑，张云将他对一线城市的理解，融入到他的地产项目运作中。也许在不久的将来，“唐宁街”会成为南昌这座城市的政经中心代名词，不过，这仅仅是张云事业蓝图中所规划的第一步而已。

三地游历的学习之路

1999 年，张云开始了在北京的大学生活，就读于首都师范大学学习市场营销专业。2003 年在纽约理工大学继续着自己的学业，自幼勤奋好学的他，从不放过任何增长自身才干的机会，2005 年初，正在念 MBA 的张云正式开始了自己的商业之路，开始负责一家生产液压油路板的公司在北美地区的营销推广工作。

2006 年张云学业结束后归国，回到北京依旧从事国际贸易，将国内生产的医疗设备销往第三世界国家。然而这些营销实践，都是张云的事业试水。那时他并没有选择今后将要长期从事的行业，只是在这些看似不经意的实践中，不断验证所学的知识，积累着事业经验，直到 2007 年。

那年，张云离开北京来到中国房地产营销行业前沿城市——深圳。当时中国房地产市场正处调控期，深圳房市一片冻寒。“市场繁荣的时候,哪怕我们不懂营销,坐在原地保持不动也能把房子卖个精光。所以我决定在深圳房地产市场最低迷的时候去到那里，看看在房产低迷时，营销该怎么做。”2007 年 9 月，张云离开他所熟悉的北京，一路向南，成为深圳中原地产的一名干将。

“中原地产每位员工的工作状态十分拼命，我曾经一个月内同时做十几个盘，前期策划、尾盘销售、正逢开盘……林林总总。”谈到在深圳的工作经历，张云的眼中总是闪烁着开拓者的兴奋目光，“虽然那时总是从周一忙到周日，从早上忙到半夜，但中原地产像是一个房地产销售的速成大课堂，能在短时间内让你变得经验丰富。”

在中原地产的两年高强度工作经历，使张云熟知房地产营销体系，当他接任父亲的“唐宁街”项目时，俨然成为一位超乎同龄的成熟总经理。

拥有自由意志的决策者

五年北京、三年温哥华、两年深圳；运筹帷幄的房产营销总监、视角新锐的电视人、热心的跨国基金发起者，张云在多种生活场景和角色特性之间的自由转换。一路走来，张云迈出的每一步决定，从未被父权意志所左右过。在每一次重大人生方向的选择时刻，张云父亲的角色像是一位意见给与者，而年轻的张云才是那位慎之又慎的决定者。

“高中时，父亲问我去不去法国留学，我说不去；高考后，父亲说可以去加拿大念书，而我的意思却是在北京读完大学再去比较好。父亲总是习惯先把他的想法告诉我，给出几条路由我选择，并且尊重我的每一次决定。”父亲多年来民主自由的培养方式，成就了张云独立的思维方式，和果断的领导能力。

“意见不合自然也是常有的事情”，在谈到如何填补两代人脑海中无形的代沟时，张云的处理方式显得既保守亦成熟，“两代人生活环境不一样，造成思考问题的方式不一样，同一件事情自然会产生不相同的意见。发生意见不合时，一般我会先听父亲阐述他的观点，如果在比较之

后我认为我的观点更在理，那我会努力说服父亲。”

在张云试着接手父亲事业的初期，他那与生俱来的魄力与气场就已然显现。那时，张云父亲出于信任，将房地产项目的物料供应工作承包给了他的远房亲戚。不久，张云发现远亲所给报价高于市场平均值，于是他当机立断地采用公平竞标的方式结束了这一纸建立在亲戚关系上的不平等协议。

“不管老一辈与新一代的处事风格孰优孰劣，但至少有一点我们新一代所无法比拟的，那就是老一辈他们富有经验，所以我总是先听听父亲的想法。”儒雅与果断，大胆与缜密，这些特质在张云身上得到了完美的糅合，看不出本丝毫本应存在的悖逆。

如今，张云不单已是接过父辈的旗帜，担任南昌凯宇实业发展有限公司的副总经理，还是他个人的新项目——香港卫视集团江西机构和湖南机构负责人。在房地产开发的浪潮中，张云正不断延伸自己的商业触角，用他强大的资源整合思路提高竞争力。

Q&A

F= 接力杂志（Fortune Generation）
Z= 张云

F：是怎样一个机缘巧合，让你决定在今年年初开始正式与香港卫视合作？

Z：从去年起，香港卫视开始在内地陆续成立了一些省和区域性的分公司。是他们找到我们，我们对这方面比较感兴趣，就同意来做这项工作。时机又恰逢香港卫视想扩大注册资金，需要拿一部分股权出来稀释，于是我们正好以此为切入点，就这样加入了香港卫视的大家庭当中。

F：从做房地产开发，到做文化传播的转变过程，对此作何感想？

Z：我认为房地产行业和文化行业是有相关联系的：1. 目前国家的政策已经从以前的“经济强国”改成了“文化立国”，对全

国的私有经济来说，有需要往文化领域来转移的导向性，我想在这样一个初期做做尝试；2. 文化创意产业本身内容十分丰富，其中就包括"文化创意地产"，把文化的概念融入到地产当中，这是未来需要思考的一大课题，只有亲力亲为，才会不断累计这方面的知识；3. 市场上诸多文化产业项目，唯独选择香港卫视的原因在于境外媒体的起步平台更高，更容易运作。

F：目前新公司的业务内容有哪几大块？

Z：大致有电视广告业务、新闻采集制作、电视栏目制作、收集优秀的电影电视剧本、和开发一些与房地产相关联的文化项目。

F：与英国合资贸易总署合作的公益基金，是如何操作的呢？

Z：这是欧盟提出的一个援华项目，试图提升中国制造业的管理体系和业务能力。过程是将欧盟国家的资金作为基金，拿出大部分作为报酬付给专家，请专家们来到中国，从节能减排之类的技术层面，全面提高这些公司的水平。最终从点带面，让国内各大企业都来学习国际上先进的管理体系。

F：你为此项目已经马不停蹄地忙碌已久，那你的收获会体现在哪些方面？

Z：这是一件纯公益的项目，但其实也是希望和英国合资贸易总署加强联系。今年年初胡锦涛访问英国时，解除了一些英国对华技术传播的限制，所以我希望能够引进一些先进的技术到国内来。我个人很感兴趣建筑行业的新兴技术，对身体健康有益，节能环保的新材料。如果有的话，并且项目合适，我会计划把企业的第二产业启动起来。

F：你的下一个计划是什么？或者说，对未来的发展，有什么样的打算？

Z：未来公司将会围绕着房地产开发的主线不断发展，同时也做周边相关的产业，包括酒店。我大致的想法是，未来公司开发的所有房地产项目，如果地段比较占优的话，我都会预留一部分物业自己做酒店。确保自己酒店连锁的这部分产业，并且做大它。

TALES OF SUFFERING
磨砺故事

策划 _ 本刊编辑部 撰稿 _ 张志峰 钟海泉 陆晓旭 设计 _ 晓燕

磨砺不是成功学，成功学也许能激发人一时的斗志，却不能塑造出成功者的素质和心态；

磨砺不是《弟子规》,《弟子规》教人“孝信”，它确是育人的经典，但显得有些教条和迂腐,未必适用现代商业社会。更何况教育要因人而异，而最有价值的教育源于社会实践；

磨砺是指一个人在成长历程中，或是通过自身的反省，或是通过外在的规范，逐渐变得心智成熟、有担当、有价值，内心强大到可以不惧任何困难，去完成自身的使命。

据美国一所家族企业学院的研究显示，约有 70% 的家族企业未能传到下一代，88% 未能传到第三代，只有 3% 的家族企业在第四代及以后还在经营。父辈能给子女优越的生活条件、良好的教育环境，却只会以很小的概率让他们成功接过手中的事业，绝大多数二代成为“扶不起的阿斗”。

这是为什么?

一代企业家那种原始本能的创富欲望，那种在逆境和挫折中所磨练出的意志，那种在孤独和背叛中所训练出的对人性的洞察力，是在书本里、在精心呵护下、在物质丰盈时所无法获得的。

于是，我们可以看到很多优秀的企业家都在有意识的磨砺下一代，这种磨砺不同于传统的学校教育，也不同于父母对子女的一般性培养，而是营造一种环境，让下一代在心智、财商、眼界、心胸、毅力、魄力、沟通能力等方面都得到提升。

可以说，磨砺不会成为一种系统性的科学，它因人而异、因地制宜。很多一代企业家对子女有意识的磨砺反倒出现相反的结果，而有些二代成功的超越父辈最主要的原因是从小叛逆，不接受任何规范。当然，也有更多的企业家二代在磨砺中成长起来。

所以，我们只讲磨砺的故事，而不会去谈具体的方法，更不会去构建什么理论体系。因为，如何磨砺子女，如何自我磨砺，完全靠自身的感悟。

福耀玻璃集团董事长曹德旺对子女的磨砺很“残酷”。

7A ambition

企业家磨砺子女的奇特方法
编辑 _ 陆晓旭

霍英东
香港知名实业家、社会活动家霍英东，在儿女小的时候，曾经专门聘请游泳名将教他们学游泳。两年过去了，孩子们还是“浮”不起来，于是就自己当起教练。他把那些不肯下水的小子统统打下水，逼着他们自己找到浮起来的本领，结果孩子们都“浮”起来了。他说：“一定要大胆放手，不能瞻前顾后，否则会淹死的。”所以当霍震霆22岁学成返港后，霍英东便委其重任，让他承包海外工程，最终霍震霆不负父望取得成功。

弗雷德·史密斯
几乎没有哪位CEO能宣称他们创建了一个行业，而现年67岁的联邦快递创始人史密斯却当之无愧，史密斯对儿子犯错的惩戒是严厉的，他的儿子卡能·史密斯于2007因藏有摇头丸曾被捕，结果被史密斯直接送到军事学院，为时一年。军事学校以各种老式的惩罚措施而著称，所以把被惯坏的孩子送到那里非常明智。后来卡能改邪归正，成为迈阿密大学的一名四分卫。

朗·汉考克
矿业巨头朗·汉考克的独生女——吉娜·莱因哈特如今是澳大利亚最富有的女人，全球家喻户晓。父亲为了磨练他，让吉娜从很小的时候起就上了寄宿学校，从12岁开始，就涉足家族生意，准备接班，年龄之小让人瞠目。少女时代，其他同龄人还在好奇地学化妆、追明星的时候，吉娜已过上了公司人的生活。所以现在她取得如此成就也就不足为奇了。

接班多磨

福耀集团的CEO曹晖曾经6年没给老爸曹德旺打电话，原因是曹德旺非得把他从香港“扔”到美国去读书，这时曹晖在香港已经做得很好了；

李泽楷在斯坦福大学读书期间，李嘉诚只给最基本的生活费，李泽楷曾在麦当劳卖过汉堡，在高尔夫球场做过球童，甚至背高尔夫球棒时曾弄伤了肩胛骨，直至现在伤患还会时常发作；

广厦集团董事局主席楼忠福让儿子当了6年半的兵，进入公安机关再“锻炼”后才接班；

康奈集团总裁郑秀康让女儿在下划料车间，拿着剪子整天费力地剪鞋帮片料，以至于旁边的师傅都心疼……

这样的例子还有很多。守着万贯家财，却让子女吃苦受累，这是对子女的爱吗？从一代企业家的角度来看，答案是肯定的。因为他们知道，无论他们留给子女多少财富，如果子女不懂得如何去运用，那反而是一个沉重的包袱。从广义来理解，真正的财富是一种能力，磨砺子女就是在赋予这种能力。当然，从“自私”一点的角度来说，父辈希望子女能接手自己的事业，就必须让子女能够胜任，如果接班是一件“好事”，那就必然要“多磨”。

故天将降大任于斯人也，必先苦其心志，劳其筋骨，饿其体肤，空乏其身，行拂乱其所为，所以动心忍性，曾益其所不能。接班人要经历怎样的磨砺才能接过父辈的基业？这与一个人从幼稚走向成熟、从弱小变得强大的过程应该是一致的，只是他们由于特殊的身份，又显得与众不同。

饿其体肤，空乏其身

一个有趣的现象是很多一代企业家对子女都很“吝啬”。最离谱的例子就是世界第一个亿万富豪洛克菲勒了，他经常不厌其烦地教育孩子们勤俭节约，他只给四个孩子买一辆自行车，为了让他们能够学会互相谦让。小洛克菲勒后来都不好意思承认自己在8岁以前穿的全是裙子，因为他有三个姐姐！

“台塑大王”王永庆对子女也很抠门，王永庆给留学美国的女儿的生活费和学费刚刚好，因为打电话贵，父女的沟通用写信的方式，从来不打电话。女儿回信，还要报告花了哪些钱，甚至只是买了条牙膏。

为什么守着巨额财富，却对子女如此吝啬？这些最优秀的企业家当然不是真舍不得钱，他们对外捐赠都以亿万计，还会在乎改善子女生活条件的那点钱吗？其实他们明白，养成子女勤俭节约的习惯，从小树立正确的财富观，对孩子的成长太重要了。

人是钱的主人，而不是钱的奴隶。当一个人习惯于奢靡浪费，那他就很容易蜕变成了钱的奴隶。因为他做什么都是为了赚钱以便满足消费欲望，也舍不得用钱去投资、去成就一番事业。冯仑曾说过：成功的企业家往往是追求理想，顺便赚钱。被钱所支配的人很难拥有真正的财富。

曹德旺斥资数千万元在福州市郊区建了一处3000多平米的豪宅，让子女过来住，但长子曹晖竟然表示不愿意回家住豪宅，用他的话说：“那样太奢侈了”。曹德旺对此也很理解，如果别人给自己一套豪宅，自己也可能不会去住。女儿曹艳萍

adventure

**故天将降大任于斯人也，必先苦其心志
劳其筋骨，饿其体肤，空乏其身
行拂乱其所为，所以动心忍性
曾益其所不能。
所以对于未来的接班人来说
必然要经历一段磨砺。**

路过香港，看上一件衣服一千多块钱，舍不得买，听说深圳有卖仿制品，就要买那个。本来曹德旺担心子女生活在一个富爸爸的环境中，会染上奢靡之风，现在看来这种担心很多余，从小对子女的教育和磨砺是成功的。而接过父亲权杖的曹晖也确实把福耀集团带到了一个新的高度。

勤俭节约更有利于形成独立的人格，这或许也是富爸爸们对子女"吝啬"的原因。郑渊洁在儿子郑亚旗上小学的时候就告诉他，18 岁以后就不再给他一分钱，住在家里也要交房租。在这样的压力下，郑亚旗很小就有了赚钱的本领，现在反过来包装父亲的作品，当然也要支付版权费，让父亲替自己赚钱。

善于投资理财，或者做过企业的人都知道，自由现金流是最重要的一个指标。一个人拥有多少财富意义不大，关键是有多强的创造财富的能力，能够产生多少自由现金流。富爸爸们如果给子女很多的钱让其挥霍，会泯灭其创造财富的能力，也不知道如何让钱变得更有效率，这是一种很危险的做法。正所谓"授人以鱼不如授人以渔"，对子女吝啬，是为了让他们更懂得财富的真谛。

关于洛克菲勒教育子女，还有一个有趣的细节：从童年时代起到离家上大学，每星期六早餐之后，孩子一个一个排队走进父亲的办公室来领取一周的零花钱。每个孩子在领到津贴时还得到一个小账本，用来记怎样处理钱。津贴的数目总比需要的少，而且无法索取，于是未来的富豪们开始做家务事挣钱：逮到走廊上的苍蝇每一百只一角，捉住阁楼上的耗子每只五分，背柴火、垛柴火和拔草每小时若干，等等。这种教育方式的结果是，子女长大成人后没有一个成为败家子，还将家族事业发扬光大。

中国的一代企业家大多是在物质匮乏的年代长大了，他们除了有创造财富的强烈意愿外，也对金钱抱有着一种警戒之心。而二代们一般在物质条件优越的环境中长大，会面临各种诱惑，帮助子女树立起正确的财富观，从小养成勤俭节约的习惯，确是磨砺子女最重要的一个环节。

劳其筋骨

"玉经琢磨方成器，人经磨练方怀仁。玉须琢磨，人须磨练"，相比于一代企业家来说，二代们的成长环境太舒适了，没有经历过太多的困难和挫折，更没有身陷绝境时的煎熬，在未来他们是否能独立面对市场的激烈竞争，是父辈们所担心的。于是，我们会看到下面这一幕幕：

如今身兼中宝实业和日发控股集团董事长、总裁的吴捷，被父亲吴良定刚刚召回家族企业时，先是到车间当了半年的搬运工，这不能不说是一场艰苦的磨练，

苏泊尔董事长苏显泽长时期跑销售的经历，磨练出极强的抗压能力。

因为吴捷当时在深圳已经是一名出色的律师了。后来吴捷晋升为车间主任，由于他的车间在公司里效益最好，才被提升为负责生产的副总。

康奈集团副总裁郑莱莉，曾被父亲郑秀康派到下料车间，拿着一把大剪刀，从早到晚地剪鞋帮片料，虽然曾有人求情，但郑秀康就是不同意给她换工种。郑莱莉的弟弟郑莱毅也重复了一遍姐姐干过的体力活。

苏显泽是苏泊尔炊具股份有限公司董事长，当初被父亲"偷偷"调回老家后，也经过了从车间到营销再到全面掌权的漫长过程。苏显泽23岁从浙江大学生物化工专业毕业后本来是想留在杭州向高新技术领域发展的，结果父亲背着他悄悄托人，把他分配到老家玉环县乡镇企业局工作，后来辞职下海。在"苏泊尔"最困难的一段日子里，父子俩全国各地跑销售，父亲走南线，苏显泽走北线，经常一出去就是几个月。苏显泽当时对市场一窍不通，凭着一本台湾人写的《市场行销》，现学现用。这样的销售经历磨练了他的意志，当日后苏泊尔身陷"爆炸门"，苏显泽在北京顶着前所未有的压力和焦虑来调查事实真相，终于还苏泊尔品牌以清白。

正泰集团董事长南存辉给自己子女和高管子女进入正泰设了个门槛——在外

康奈集团副总裁郑莱利有过在车间里剪鞋帮片料的经历。

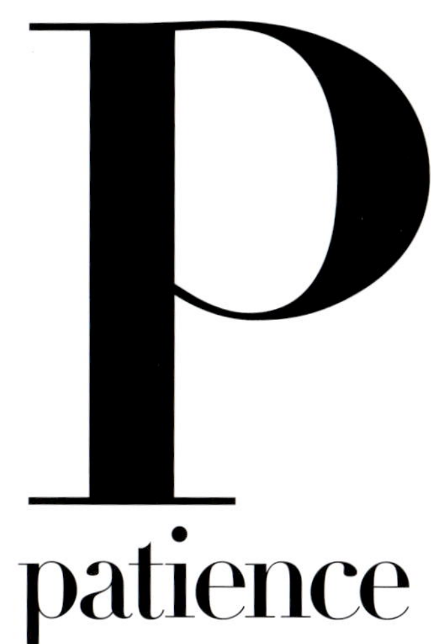

patience

**缺少磨砺的企业家子女
有点像纸上谈兵的赵括，
没有实战的经验，
就想带兵打仗，
很可能会全军覆没。
而商场的残酷性不亚于战场。**

企业家磨砺子女的奇特方法
编辑／陆晓旭

卡洛斯·斯利姆·埃卢

2010 年福布斯富豪榜出炉，墨西哥电信巨头卡洛斯·斯利姆·埃卢成为新全球首富。2004 年，斯利姆把财团旗下最核心的 Telmex 电信公司董事会主席的位子交给了他最器重的长子多米特。当年多米特从大学毕业时，随即进入了 Telmex 电信。但父亲却让他在一个小连锁店里做一名采购员，工作又脏又累，多米特整整磨练了 10 年之后，父亲才对他委以重任。但多米特毫无怨言，非常感谢父亲赋予他坚持与勇敢的品质。

柳井正

作为服装世家中的一员，柳井正创办了小郡商事，1972 年，儿子刚入职时，家业约合 106 万美元。作为家中唯一的儿子，后来的优衣库 (UNIQLO) 创始人，2009 年日本首富柳井正，受到过父亲特别严格的要求。晚上父亲常常要应酬，就算再晚回家，一旦见到柳井正，也总能揪出一些细碎的小事严厉责骂他。他的印象中，爸爸一生只夸奖过他两次，就是在考上高中和大学的时候。1999 年，父亲去世后，柳井正在丧礼上泪流满面地说：“爸爸是我这一生最大的竞争对手。”

佐佐木真太郎

其为 1969 年的日本首富。其子系山英太郎更是在日本政商界呼风唤雨，被誉为“日本的巴菲特”，系山英太郎做过首相秘书，在 30 岁即拥有了几十亿的资产，1996 年退回商界也成为日本首富。然而其发家之道与其父相去甚远，其父是靠高尔夫球场发迹的。系山英太郎另立门户资金周转不灵时不得不向父亲借钱，但父亲拒绝了他，并说：“如果你愿意卖身给我，我可以给你 35 万，但今后你要对我言听计从。”系山英太郎无奈，只好成了其父麾下的一名球童。 然而系山英太郎却在高尔夫这个行业里再次发挥才干，“将打架战术用在商业对手上”，将对手弄垮到求饶。

面的公司工作 2 年时间，取得一定成就以后再到正泰从底层做起。当子女还在美国留学时，每年暑假，南存辉都会让他们回到乐清接受一项特殊考验——隐姓埋名到其他企业的基层去锻炼，而且在接受锻炼期间不让孩子透露自己的真实身份。据说，南存辉之前还有过要把孩子送到军营去磨练的想法。

……

就算是企业家子女，想真正成为家族企业的掌门人，也不是就仅凭血缘关系能一步登天的。从企业基层做起，成为一项基本要求。一项调查表明，83% 的浙商表示要子女从基层做起，这样才能对整个企业有更深的了解和感情，而且也能把握基层员工的想法，发现公司存在的问题。

曹晖高中毕业后就来到福耀玻璃的车间干活，从最底层的工人干起。在福耀内部至今仍流传着曹晖这样的一件趣事，说的是当时曹晖为了多挣工钱，经常替同车间的工友三班倒，一天上班的时间常常达到 10 多个小时，并落下个“曹氏葛朗台”的雅号。在福耀除了曹德旺，很多老臣最佩服的人就是曹晖了。经历过这样的磨砺，曹晖接班也就众望所归，他也交出了一份漂亮的成绩单，福耀 2007-2009 年三年的加权平均净资产收益率分别为 28.7%、7.52%、29.20%，2009 年度净利润逾 11 亿元。

还有的豪门世家，更是要让子女去做学徒，最典型的例子就是摩根家族。朱尼厄斯·摩根让儿子皮尔庞特·摩根做学徒，皮尔庞特·摩根也让儿子去做学徒，或许这也是摩根家族能够成就百年辉煌的原因。

与之相对比，香港丽新集团的创始人林百欣从学徒做起，最终拥有 5 个上市公司。他以工作努力而闻名，却独对二儿子林建岳比较疼爱，所以林建岳大学毕业后就直接出任公司副总裁，1987 年，在林建岳的建议下，丽新集团买下了亚洲电视大部分股份，结果亏损高达 30 亿港币。1997 年，在林百欣不知情的情况下，林建岳又投资 70 亿港币收购富丽华酒店。很快亚洲金融危机爆发，房价暴跌，丽新陷入倒闭危机。

可见，缺少磨砺的企业家子女在接班道路上至少有几点令人担心：不懂得基层员工的想法，没有在企业内部树立威信，这对今后独立承担管理工作带来隐患。另外缺少专业技能，不熟悉业务的细节和流程，风险意识薄弱。这就有点像纸上谈兵的赵括，没有实战的经验，就想带兵打仗，很容易就全军覆没。而商场的残酷性不亚于战场。

苦其心志

目前，中国的家族企业传承有一条非典型性的路径：子女求学（以国外为主）——先去大企业打工或者直接回到家族企业——视业绩提升到领导岗位——彻底放权、完全接班。每一环节其实对年轻人来说都可能是一个“苦其心志”的过程。

B

boldness

成功的企业家往往是追求理想顺便赚钱。被钱所支配的人很难拥有真正的财富。无论留给子女多少财富如果子女不懂得如何去运用那反而是一个沉重的包袱。从广义来理解，真正的财富是一种能力，磨砺子女就是在赋予这种能力。

有调查发现，70% 的浙江企业家表示已送子女出国或有此计划，比如康奈老总郑秀康把儿子郑莱毅送到英国留学，现在回国已经成为郑秀康的左右手；正泰董事长南存辉把三个子女都送到美国学习；在绍兴，年销售额超亿元的 102 家企业中，有 20 余位老总的子女留洋后回国到父辈企业继任。这么做的目的，一是为了让子女接受更好的教育，二是为了磨砺子女，提高其独立生存的能力。即便是日后叱咤风云的李泽钜、李泽楷兄弟，在刚到国外时（一个十五岁，一个十三岁），也会因为陌生和寂寞在给父母打电话时声泪俱下，但如果没有这种忍受孤独和寂寞的经历，如何成长起来？

求学归来进入家族企业工作似乎顺理成章，但对于很多二代来说，这不是什么好差事。全球著名的管理咨询公司麦肯锡和美国布鲁克林家族企业学院的研究均表明，仅有大约 30% 的家族企业能够传到第二代。同时，据一项调查显示，中国的民营企业中有 90% 的企业创始人希望子女接班，但真正有意愿且有能力接班的"富二代"不到 10%。

2001 年左右，晋江，20 岁的许清水，从英国帝国理工学院数学系毕业，来到恒安国际纸业做了一名实习生；23 岁的陈锋，从福州大学会计审计专业本科毕业，来到福建凤竹纺织科技股份有限公司，成为了一名出纳；24 岁的丁丽亚，在加拿大多伦多完成了国际贸易和市场调研双学位的学业，来到大森制衣有限公司，成为一名跟单助理。他们加入的企业均是由自己父亲所创立。

工作的压力曾经让陈锋"喘不过气来"，他甚至向父亲陈澄清提出离开公司。多达几百种的布料最初让丁丽亚头疼不已，父亲的责骂也一直伴随着她。许清水和他的两个兄弟根本就不想进入恒安集团，这让拥有晋江商业"教父"之称的父亲许连捷只好"从员工中选人"。

陈锋曾向媒体坦承，压力曾经"恶化到我一想到要去上班，就要吐"。他甚至很羡慕其他普通员工，"可以做就做，不能做就走，可是对于我，你是这家企业的主人翁，你面对的问题是不得不去解决的。"

在进入凤竹工作的七年里，陈锋先后干过会计、财务经理、财务总监助理、审计部经理、采购经理、供应部部长、副总，然后是常务副总，用他自己的话来说，"我经历了一个打工仔所经历的一切。"经历这样的磨砺，陈锋最终荣升凤竹纺织总经理，并推动凤竹纺织成功登陆 A 股。而如今身为公司常务副总经理的丁丽亚则让大森成为了晋江地区外贸加工的领军企业。许清水则出任连捷投资集团董事总经理，这是许连捷家族控制的一家纯粹的私人公司，在许氏家族的财富构成中举足轻重。

这些阶段性胜利并不是那么轻易取

正泰集团董事长南存辉磨砺子女的方法很独特，让子女隐姓埋名到工厂工作。

得的，企业家子女并不一定因为特殊的身份就能在家族企业内部晋升的道路上畅通无阻，必须要用实力去证明自己。对于一代企业家来说，与其让无才干子女把自己辛辛苦苦创办的企业毁掉，还不如找个优秀的职业经理人来管理企业，自己和子女在企业中占有股份，坐享财富。

王安电脑是个相对反面的例子，王安是美国企业界的华人杰出代表。1986 年，王安的长子——35 岁的王列接替王安的公司总经理职位。虽经王安苦心培养，但业绩平平，由于王安坚持子承父业，结果使追随王安多年的骨干失望而愤然辞职，管理层元气大伤，毁了企业，毁了自己。

所以，在家族企业里，父辈对子女最初一般会扶持提携，但真正到了要交班的那一刻，却突然会变得异常迟疑和犹豫。他们对待子女甚至要比对待职业经理人更挑剔，以至于有些二代会感慨：为什么一家人却胳膊肘往外拐。

曹晖虽然在福耀内部已很有威信，而且他在北美取得了突出的业绩，但在 2003 年 9 月，59 岁的曹德旺辞去总经理职务后，却聘请日本人丰桥重男出任总经理。8 个月后，刘小稚接任了这个职位，到 2006 年 9 月，刘小稚辞去总经理职务，曹晖才继任。红豆集团周海江的接班过程也是颇为曲折，1987 年接手企业，2004 年才接班，1995 年的时候没有竞争过父亲以百万年薪从加拿大请的职业经理人，即便心中不忿却也无法离“家”而去。当企业家子女在家族企业内部磨砺多年，媳妇都快熬成婆了，也深深爱上了这份事业，却迟迟得不到权杖，甚至还要交给外人去管理，你说他们心里有多苦。

行拂乱其所为

再苦再累，只要是自己喜欢的事业，只要是为了一个清晰的目标而努力，也就不觉得什么了。但让很多二代郁闷的是，他们总是会在家族企业内被折腾来折腾去，而父辈们美其名曰是“磨砺”。

曹晖的故事很典型，本来他在香港已经把公司做出些气候，老爸却非得让他去美国学习，于是上演了本文开篇的那一

幕。等到在美国获得了硕士学位，然后创办公司、结婚生子，呆了11年，过得很逍遥自在时，在父亲的一纸调令下被迫只身回国，老婆孩子都留在美国。

从父亲曹德旺的角度看，他见不得儿子过得舒适，总是希望儿子能经受磨砺，去处理最棘手的事。从曹晖的角度说，他在如此的折腾下，最初甚至会产生“恨意”，但渐渐的明白了父亲的良苦用心。

可以说，曹晖真正快速成长是那几年在美国市场的摔打，特别是应对反倾销纷争中表现出的老辣和干练。当美国PPG公司对福耀出口的汽车维修玻璃提出反倾销调查申请时，曹晖身为福耀北美总经理，采取适当的策略积极应对，最终取得完胜，PPG撤销了对福耀的反倾销诉讼。经此一役，福耀集团上上下下都意识到，老曹这个儿子了不得。等到回国接班，也就顺理成章了。

匹克“少掌门”许志华的经历有些类似。2002年，他被父亲许景南派到北京组建分公司。这个冬天，在北京洋桥外的盐业仓库，楼下是白花花的食盐，有一股刺鼻的海腥味。楼上装满了匹克的鞋子衣服，许志华的办公室就在货品的包围之中，办公室里没有暖气，只好硬挺着，手被冻得通红发肿。许志华在整个冬天靠着一辆金杯面包，穿梭于北京的大街小巷中送货接货，一点一点地建立起匹克北京分公司。

这是父亲对他的磨砺，也是对他的关爱，因为那时许志华在匹克整顿经销商已经触怒了既得利益集团。只有让他接手新业务，在没有元老的地方干出成绩，才能证明自己的实力，赢得威信。

其实，早在2001年许景南让儿子回

柳井正能成为日本的新首富，与小时候父亲对他的严厉管教以及后来给予他的绝对信任息息相关。

F

frugal

成功的企业家要有野心有魄力，能吃苦，能忍耐，要打碎牙齿往肚里咽要洞悉人性，要目光远大。这对于出生在优越环境中的子女来说任何一方面都是欠缺的

来帮他时，匹克已经是内外交困了。相比于安踏、锐步来说，匹克有辉煌的历史，早在1991年就赞助篮坛霸主八一篮球队。但市场就是那样的残酷，不进则退，让许志华开拓新的市场也是为匹克寻找出路。对于新一代企业家来说，趟在父辈的功劳簿上睡觉，静待接班，是不可能的。所以，把孩子扔到最艰苦的地方，开辟新的事业，是磨砺子女必然的环节。

许志华在接班过程中还曾面对来自于老臣和保守顽固势力的责难，其实，挨骂是几乎所有接班人都必然要经历的。郑亚旗在接受本刊采访时说："我从小被骂到大，我父亲从不骂我，骂声来自于同学，甚至周边的社会圈子。小学退学时有人骂我不好好学习，没出息。18岁后没用过家里一分钱，包装父亲的书赚了钱，成立了自己的公司，也有人骂我仗着老子的品牌。爱怎么骂就怎么骂吧，我无所谓"。

对于"创二代"来说，他们的特殊身份确实很容易让其遭受各方的责难，如果没有良好的心态会被吐沫星淹死。而成熟的心智也是需要磨砺出来的，或者像刘畅那样在父亲刘永好的"保护"下刻意保持低调，或者像许志华这样用实力应对责难。总之，他们很难完全按自己的意愿生活，所以不妨早点"行佛乱其所为"。

成功的企业家要有野心，有魄力，能吃苦，能忍耐，要打碎牙齿往肚里咽，要洞悉人性，要目光远大。这对于出生在优越环境中的子女来说，任何一方面都是欠缺的，所以后天的磨砺必不可少，而这个过程，是没有一个已经成熟的、可以简单套用的模式。

苏泊尔的创始人苏增福，"偷偷"的把儿子弄回老家，从车间到营销，一步步的磨练他。

教会印度去梦想
塔塔家族
半岛双城暗战
SILENCE WAR BETWEEN THE TWO CITIES
徽商新境界
家族财富大管家
BUSINESS
商业

TATA FAMILY TEACHES INDIANS TO DREAM

塔塔家族：教会印度去梦想

文 钟海泉 设计 晓燕

塔塔旗下的 Tetley 是世界上第二大袋装茶品牌

于印度人而言，是无法摆脱"塔塔"的影子的：无论是下榻豪华酒店还是入住经济旅馆，无论是去时尚购物中心还是光顾大卖场，无论是乘坐私人轿车还是挤公共汽车；包括喝的饮料，吃饭的餐馆，拨打的电话…… 印度人使用的一切，可能都是塔塔集团的产品。

作为一家创立于143年前的家族企业，塔塔集团目前是印度最大的集团公司，2011年市值超过1000亿美元，是"印度最赚钱企业"。然而就在不久前，这家顶尖企业"放下身段"，宣布将为该国相对贫困的农民们设计一种售价500欧元，约合人民币4200元的一套大小在20平方米的房屋。这让许多中国人惊呼：这房子比 iPad 还便宜。

圣雄甘地如此评价塔塔集团
"当你在塔塔工作的时候，你也是在为印度而工作
你总会意识到，你在这里不仅仅是为了一个企业
而是为了一个更高的使命奋斗。"

最有钱的公司，买不起房的穷人——这完全是两个世界，这样的做法似乎有点令人不解。但实际上，这正是塔塔集团的一贯作风，拥有悠久历史的塔塔集团依然忠诚地延续着它在建立起来时的民族使命。

塔塔的诞生

在印度，有一座城市叫贾姆谢德布尔（Jamshedpur），pur 意为"城市"，Jamshed 则代表塔塔家族的创始人贾姆谢特吉·塔塔（Jamsetji Tata）。印度人习惯称之为"钢铁城"，或者"塔塔"。早在一百多年前，贾姆谢特吉就曾告诉他的儿子如何建造印度第一座现代化规划的城市。如今，钢铁城拥有一座13万平方米的绿地公园，其中有湖、喷泉和玫瑰园。相较于印度任何一座城市，它都要显得繁荣，甚至是奢侈。

印度国内媒体在追述贾姆谢特吉生平事迹时，习惯于这样开头："他生于1839年，这一年，生于苏格兰的美国钢铁之王的安德鲁·卡内基刚刚4岁，金融巨子 J. P. 摩根2岁，石油大亨洛克菲勒则是同年生的人。"作为塔塔家族商业帝国的开创者，贾姆谢特吉也是整个印度近代商业的奠基人之一。

贾姆谢特吉生于古吉拉特邦帕西教的一个牧师家庭。帕西人是早年从波斯迁居到印度的移民，多年来一直保持信教的传统。贾姆谢特吉的父亲努舍完吉（Nusserwanji）思想开明，易接受新事物。他一改家族的信教传统，很早就离家到孟买闯荡，成为一名商人兼银行家。1853年，努舍完吉把贾姆谢特吉安排进入埃尔芬斯顿学院 Elphinstone College。1858年，19岁的贾姆谢特吉大学毕业后，进入一间律师事务所工作，但到了第二年，他还是选择进入父亲的商行，学习做生意。

作为家中长子，也是惟一的儿子，父亲全力栽培贾姆谢特吉，他很快成为一名经商好手。但贾姆谢特吉并不满足。1864年，贾姆谢特吉果断决定奔赴英国求学考察，学习英国的先进技术，以帮助仍处于殖民地的印度。他利用这段时间参观了英国兰开夏郡的纺织工业，并多次到曼彻斯特考察。贾姆谢特吉既被现代化

现年 74 岁的小拉丹·塔塔

纺织工厂高效触动，也为英国地狱般的工作环境所震撼，展现在贾姆谢特吉眼前的，是大英帝国绚烂外表下的黑暗角落。

1868 年，父亲的银行业务遭遇严重挫败，父债子还，债主追到英国，贾姆谢特吉被迫提前回到印度。巨大的挫折并未挡住贾姆谢特吉的脚步。在处理完父亲的债务后，贾姆谢特吉集中资金收购了一家破产的榨油厂，将其改造成一家纺织厂。贾姆谢特吉不仅同步引入最先进的纺纱技术，还破天荒地引入西方管理。这个名为“亚历山大”的纺织厂不仅为印度工业史竖起一座里程碑，也拉开了一代商业巨子展露才华的序幕。

1873 年，贾姆谢特吉再访英国，他发现当时印度棉花已经是英国纺织业的一个重要来源，印度的棉花运到兰开夏郡经过加工、纺纱到织成布匹，又出口到印度。期间的所见所闻深深地刺痛了贾姆谢特吉。

1877 年，塔塔的新厂正式投产，工厂取名（“皇后纺织厂”）（Empress Mills）。新厂选址既靠近棉花种植地与铁路，又有充足的水源与燃料，占尽天时地利人和。工厂很快就超过英国驻印度的各大纺织公司，率先在商业上为当时仍属英国殖民地的印度打了一个漂亮的翻身仗。

贾姆谢特吉想建立一个能让人有尊严地工作的企业环境，他在工厂架设起了通风管道和排气扇，实施徒工培训计划，每个工人都上了保险和养老金，妇女还享有产假及特设的育婴房。随后，他又在孟买设立了斯瓦德希（Swadeshi）纺织厂，这是他第一次表露出国家主义态度，厂名意味着创造一个自产自足、不受奴役的印度。贾姆谢特吉认为，印度的自由必须建立在牢固的工业基础之上，为此他提出了终生为之奋斗的三个目标：建立一家钢铁厂、发电厂和一所世界级的科研机构。

1899 年，英国殖民总督寇松开放了采矿特许权。同年，印度南部和中部多处发现了可靠的铁矿源，贾姆谢特吉意识到印度的钢铁时代已经来临。贾姆谢特吉在生命的最后 22 年里，一直在为印度的第一座钢铁厂而奔波。但遗憾的是，勘探还没开始，贾姆谢特吉的心脏开始日益衰竭。1904 年 5 月 19 日早上，贾姆谢特吉再也没有醒来。

理想的延续

贾姆谢特吉去世后，按照印度家族的传统，长子道拉布吉（Dorabji Tata）接任塔塔家族董事长职务。道拉布吉以自己的努力，在其叔叔 R.D.Tata、弟弟拉坦（Ratan Tata）的鼎力协助下，完成了两件大事。

道拉布吉遵照父亲遗愿，率先建起了钢铁厂，但前几次大规模的勘探因矿产地周边没有充足的水源而放弃。直到 1907 年，他们找到了一个名为萨克奇（Sakchi）的地方。1912 年，道拉布吉顶着英国政府的反对，在印度建成第一家钢铁厂。这是英属殖民地最大、最先进的钢铁厂，为印度工业竖起一座新的里程碑。

贾姆谢特吉在世时非常注重教育与慈善，设立巨额奖学金，资助印度学生到英国等西方国家深造。道拉布吉秉承父亲的遗训，支持教育。1911 年，印度科技大学在班加罗尔成立，延续了贾姆谢特吉生前的理想。

道拉布吉还明确表示：塔塔家族的财富不仅属于家族后代，更属于印度人民。1918 年，年仅 47 岁的弟弟拉坦英年早逝，悲痛之余，道拉布吉决定以弟弟的名义率先成立一个基金会。拉坦

2008 年，塔塔以 23 亿美元的价格从福特手中收购捷报和路虎两个高档汽车品牌，被看做是“大象吞并虎豹（路虎和捷豹）”的野心。

的全部财产纳入基金会，资金全部用于教育、慈善、工业支持及国家建设。这一创举开启了印度慈善基金的先河。道拉布吉还以身作则，宣布将自已的全部财产捐出，成立道拉布吉信托基金会。

通过基金会的设立，道拉布吉不仅完全稀释了塔塔家族传人手中的公司股权，而且通过重新设计的企业控制结构，使塔塔家族成功地超越传统的家族企业，摇身一变成为真正的企业家族。既保持了家族对企业的有效控制，又避免了传承中容易出现的一股独大、兄弟分家、子嗣纷争等诸多问题。

在道拉布吉主政的 20 多年里，他还与兄弟们一起建起四家新纺织厂、三家火电厂、两个水泥厂以及一个大型食用油公司，将父亲开创的塔塔家族产业成倍扩大。如果说贾姆谢特吉为家族的百年基业奠定了商业基础与经营理念，道拉布吉则通过股权稀释与基金保证了百年基业的顺利传承。

贱卖航空业

1932 年，道拉布吉去世。由于家族管理结构与传承制度已经明确，塔塔家族没有引发任何危机。道拉布吉的表弟，即姑姑的儿子诺罗吉（Nowroji Saklatwala）接管家族事务。诺罗吉虽不是一位商业天才，但另有建树。他在平稳地完成塔塔家族第一代制度传承的基础上，又进一步扶植了新的商业领袖，即詹汉格·拉坦吉·达巴海·塔塔（Jehangir Ratanji Dadabhoy Tata，以下简称 JRD）。

JRD 的母亲是法国人，父亲即贾姆谢特吉的堂弟，后来协助道拉布吉建立钢铁厂的 R.D.Tata。夫妻两人为儿子取了一个帕西人的名字：Jehangir，意为征服世界的人。

JRD 出生在法国巴黎，从小向往飞行，一直梦想着成为一名飞行员。1928 年，24 岁的他成为第一位得到飞行许可证的印度人。JRD 的第二个梦想是进入英国剑桥大学深造工程学，然而最终却因父亲的召唤回到印度，加盟塔塔家族，派到钢铁厂从无薪学徒干起。

5年后，JRD开创了印度孟买与卡拉奇云间的航空邮件服务，引起当时的集团主席道拉布吉的注目。JRD如鱼得水，几乎把全部注意力都放在了印度的天空上。仅仅三年时间，JRD就将小本经营的航空邮件部变成塔塔航空公司，开创了印度航空业之先河。在JRD的带领下，塔塔航空发展迅猛，于1946年率先实现上市，成为家族第一家公众持股公司，并更名为"印度航空"。

塔塔航空公司的迅速腾飞让印度政府垂涎三尺。1953年，总理尼赫鲁亲自出面，希望能将民航业国有化，其中包括就印度航空。印度航空是塔塔家族产业新支柱，更是JRD本人20多年心血的结晶。但鉴于家族先人忠于祖国的祖训，以及与尼赫鲁非同寻常的私交，JRD忍痛割爱，将航空公司贱卖给印度中央政府，家族只保留20%的股权。

除了航空业的杰出成就，JRD在主政的50年中，还带领家族成功进入化工、汽车、茶叶、酒店、医药、金融服务、信息咨询、手表、配件、电信、零售、保险等诸多行业，并在茶叶、汽车、信息咨询、钢铁、纺织等领域成为领头羊。同时，在JRD坚持不懈地支持下，塔塔基础研究院、塔塔纪念医院、塔塔社会科学院、印度国家高等科学研究院和国家艺术表演中心相继落成。

JRD以过人的商业智慧，将塔塔家族带到一个前所未有的巅峰，成为印度独领风骚的一代商业教父。1993年，JRD在日内瓦医院去世，埋葬在法国巴黎的拉雪寺神父公墓。

加速国际化

然而，随着印度经济的不断提速，民营企业遍地开花。进入1980年代后，处于新老交替中的塔塔集团显得落伍。一直到新一代商业领袖小拉坦（Ratan Tata）正式接任，才逐步迎头赶上。

小拉坦的父奈瓦尔（Naval Tata）是贾姆谢特吉的次子拉坦的养子，与JRD同岁。小拉坦15岁去美国，25岁获得康奈尔大学建筑学学士学位。之后回到印度，加盟塔塔，与JRD一样在家族企业中从普通小职员做起。由于表现出色，被JRD选定为家族接班人。

1981年，JRD辞去家族核心子公司塔塔工业的董事长职务，让位给小拉坦，为他的顺利接班铺平道路，并开始重点培养。经过10年传帮带，于1991年将塔塔集团董事长的位置传给小拉坦。

当时印度正逐步推行"经济自由化"，习惯了靠政府许可证过活的家族企业们一时间手足无措。面对庞大的家族产业与全新的经济形势，小拉坦重新制定家族目标，对家族所涉产业进行了一场彻底重组。他果断地在白色家电、化妆品、药品、水泥、油漆、快递等产业收缩阵线，并将拳头集中于汽车、钢铁、消费品、信息服务等产业，尤其重点扶持塔塔钢铁、汽车、咨询服务等旗舰公司，以这些公司为龙头，以投资与并购为手段，迅速整合资源。同时，他还大力推进优秀资源上市，使家族手中的上市公司由原来的五六家迅速扩大到20多家。这一招既迅速扩大了家族产业规模，又为家族的进一步扩张完成了资金储备。

1991年，小拉坦将钢铁厂的员工从原有的7.8万裁至4.5万。如此大规模的裁员，却没有引起罢工潮。这除了小拉坦的灵活手腕以外，先辈的感情积累也是重要因素。印度经常发生罢工，但塔塔集团下属的钢铁公司在近75年来从未出现过一次罢工事件。裁员为企业止血之后，小拉坦耗资250亿美元更换了工厂的陈旧设备，将世界上最落后的炼钢炉变成了最先进的设备。

在打造出产业拳头之后，小拉坦开始在全球舞台上整合资源，马不停蹄地进行国际化拓展。先后斥巨资收购了英国康利斯钢铁公司和捷豹、路虎两个著名豪华汽车品牌，使得塔塔钢铁与塔塔汽车一跃跻身世界500强。在来自印度的8家500强企业当中独占两元。如今塔塔集团依旧是印度最大的财团，集团旗下拥有90多家子公司，业务遍及6大洲的80多个国家，对85个国家有产品和服务出口业务。塔塔集团2009—2010财年总收入为674亿美元，其中57%来自于海外业务。塔塔家族正迅速从印度的古老商业家族蜕变为地球村里的新玩家。

ABOUT TATA
关于塔塔集团

塔塔集团的主要公司包括：塔塔钢铁公司、塔塔汽车公司、塔塔咨询服务有限公司（TCS）、塔塔电力公司、塔塔化工公司、塔塔全球饮料公司、印度酒店集团，以及塔塔通信公司。塔塔集团的商业运营涉及七个业务领域：通信和信息技术、工程、材料、服务、能源、消费产品和化工产品。每个塔塔公司或企业都是独立运作的，具有自己的董事会和股东。塔塔集团共有28个上市公司，拥有350万股东。

塔塔家族四代核心掌门人

1 贾姆谢特吉·塔塔 JAMSETJI TATA

2 道拉布吉·塔塔 DORABJI TATA

3 JRD·塔塔 JEHANGIR RATANJI DADABHOY TATA

4 小拉坦·塔塔 RATAN TATA

THE MOST EXPENSIVE DIVORCE CASE
500亿离婚奇案！

文_陆晓旭 设计_晓燕

2011年7月21日，山东衡水，宋雅红在新闻发布会现场，回应杜双华此前向媒体公布的“万言信”。

它关乎一个家庭的离奇聚散
亦是高达几百亿元人民币的财产分割
还是国内目前财产标的最高的离婚案——民营钢铁巨头杜双华和发妻宋雅红的离婚案广受关注
从"被离婚"到"万言书"，是非曲直谁能道清

中国第一离婚案

民营企业家杜双华，在 2010 年的胡润富豪榜上，以 220 亿元人民币的身家位列内地第 29 位。直到 2011 年，当结发妻子宋雅红将他告上法庭，要求离婚并分割双方共同财产时，杜双华名下已拥有总评估值高达 500 亿元人民币的财产，此案遂成了国内财产标的最高的离婚案。

早在 2010 年，宋雅红称自己"被离婚"，就引起了舆论一片哗然，一直低调的山东首富杜双华随即成为媒体关注的焦点。

2011 年 7 月 19 日凌晨，一改此前对媒体的缄默，杜双华公布了一封"万言信"，使这场离婚官司进一步发酵。在信中，杜双华详细描述了他和前妻的恩恩怨怨，并回应外界此前对他的种种质疑，按照杜双华说法，曾给过宋雅红的资助超过一千万元，而宋又先后向其提出买农场、买价值一亿元的写字楼，后来他也答应了宋从 1 亿到 5 亿的离婚条件。然而宋雅红对此一一反驳并不认账，其间真相无从知晓。

虽说富豪离婚官司里，财产纠葛无法避免，但此案中，涉及的每一笔财产归属都有分歧，在诸多细节上也是各执一词，甚至提供的版本有着天壤之别，因此，时至今日这场官司也没有尘埃落定，并注定会旷日持久。

杜、宋二人一方表示"2001 年双方就已离婚，有法院判决为证"，另一方则坚称"对判决毫不知情"。离婚还是"被离婚"，成为这场离婚案件的焦点所在。

宋雅红说："所谓离婚我毫不知情。"

2010 年，宋雅红向北京市海淀法院提起离婚诉讼，要求与丈夫杜双华解除婚姻关系，并分割夫妻共同财产。

然而，在法庭上杜双华的代理律师拿出了一份河北省衡水市中级人民法院在 2001 年作出的判决书，判定准许两人离婚，夫妻二人的一套房屋归被告宋女士所有。据此，海淀法院裁定驳回宋雅红的起诉。

按照宋雅红说法，当她看到这个离婚判决书的时候，当时就蒙了。"离婚这么大的事，我自己怎么都不知道？"她声称自己当年"被离婚"，且衡水中院的判决"错漏百出"。

对于"被离婚"，杜双华后来作出了解释。他表示，1993 年到 1995 年期间，管厂的效益一直不好，他经营压力非常大，而作为妻子宋雅红又不理解，他也是年轻气盛不够体谅，总认为宋处处扯后腿。这样天长日久，互相的怨气与日俱增，夫妻感情渐趋淡薄。此后因为猜忌，双方多次发生争吵，后来宋雅红也怀疑他感情不专。

从 1997 年 8 月以后，由于感情不和长期分居，杜双华与宋失去了联系。2001 年 2 月，分居接近四年后，杜双华在衡水市中院起诉离婚。审理期间，他得到的正式反馈是：因其无法提供宋的下落，法院到其原住地调查确认其不在该处居住已有一年以上，依法做了调查笔录，并依法公告送达了起诉书和开庭传票。"

2001 年 7 月 28 日，离婚判决正式生效。

杜双华特别指出，其手上有 2001 年 2 月 1 日法院开具的收取诉讼费的单据，在当年的《人民法院报》也可查到公告送达的记载。

TIMES 案件始末

时间	杜双华、宋雅红离婚案始末
2001 年 7 月 28 日	杜双华出示的离婚书显示离婚判决正式生效
2001 年—2008 年	双方曾多次谈判离婚，还曾达成离婚协议的初稿
2010 年	宋雅红不满离婚条件向海淀区人民法院正式提起离婚。发现"被离婚"。
2011 年 5 月 17 日	北京市一中院二审开庭审理此案。宋雅红"被离婚"案由此成为媒体关注热点。
2011 年 7 月 19 日	杜双华发布"万言信"，对自己与宋雅红的离婚案做出详细说明，并称之为"再离婚"。
2011 年 7 月 21 日	宋雅红和其律师在北京召开发布会，回应此前杜双华公开发表的"万言信"，并播放了一段宋杜二人商讨"离婚"细节的录音。

杜双华说：
“我跟宋雅红走到这一步，一切都是钱闹的。”

自2010年9月的离婚风波经媒体披露后，杜双华和宋雅红的孩子曾多次曝光在媒体面前“现身说法”。一次次把孩子拉出来，使杜双华忍无可忍。

2011年7月19日凌晨，始终保持沉默的杜双华终于开口。他向媒体发出一封一万多字的公开信，信中，杜双华表示，为了给孩子一个良好的成长环境，本希望通过法律途径解决，然而，“我的沉默反而换来了宋等人变本加厉的中伤…… 我应该站出来说明我与宋雅红之间所发生的真相…… 我现在看，跟宋雅红走到这一步，一切都是钱闹的，自打有钱我们就开始别扭，从小闹到大闹到现在全国看笑话。”

杜双华指出，早在10年前，其已经与宋雅红正式离婚，现在宋雅红出来以“被离婚”为借口打离婚官司，其目的就是要瓜分杜双华旗下的资产。按照他的说法，他们分开后，杜双华给宋雅红的资助超过一千万元，对于宋先后提出的买农场、买价值一亿元的写字楼、承接她一笔800万的业务坏账尾款和400多万元的产品积压库存、支付五亿现金等要求，杜双华都一一答应，但宋胃口越来越大。

“一切都是金钱惹的祸。在利益的驱动下，宋的欲望要求开始逐步升级…… 提出了把我公司50%的股权写在她名下的要求，名义上是给儿子要的，但在两个儿子不具备经营管理能力之前，该部分股权由她来实际代持掌控。”

在万言书中，杜双华还透露，这（指打离婚官司分割财产）绝不是宋一个人的意图，她背后必定有一个利益共同体。这个利益共同体指的就是宋雅红的代理律师陈某等人。“听说你们的内部人士对外炫耀，你们与宋雅红签的是风险代理合同，四六比例分成，即官司打赢你可以自宋雅红那里拿走从我处切割财产的40%。或许正是这巨大的利益刺激才让你们如此偏执狂热。”

又一场新闻发布会

关于“万言书”宋雅红也随即发起反击。2011年7月21日的发布会现场，宋雅红及其律师陈旭播放了一段2010年4月份宋杜两人关于协议离婚的录音。

“如果说2002年宋女士知道离婚的事实，为何两人2010年还坐在一起讨论如何离婚的问题？”陈旭说：“通过这个录音可以证明宋女士之前完全不知道已经离婚。”

不过，杜双华在“万言书”中曾提到，“为什么父子正常的对话，还要处心积虑的让儿子暗中录音？你明知我必会答‘没有离’，因为这是我和你多年以来的约定，你现在拿这段录音来证实我到2009年时自己都还不认为已经离婚，手段何其不堪?!”

对于杜双华在“万言书”中指宋雅红的背后有利益集团，“四六比例分成”的说法，陈旭回应称“不该挣的钱不挣，该挣的照挣”。并称，杜双华在他刚开始代理该案的两个月内，辗转找过他，并委婉表达了“宁可把钱给律师，也不给宋雅红”的想法。目前衡水中院对于杜、宋二人当年的离婚案已经提请再审。

“在我们对离婚案件的调查取证中发现，杜双华有财产转移的情况。”在发布会现场，陈旭语出惊人。“可以很负责地说，我们已经向法院提了这个问题，具体细节现在不便透露，真到有一天，能够处理财产问题的时候，这个细节会披露出来。”陈旭表示，他们已经搜集了大量的关于杜双华财产状况的证据和材料，并且提交给了现在的再审法院。

“财产转移说”是否属实？杜双华没有回应。日照钢铁集团的一名高管却坚决予以否认：“绝对不可能，因为压根就不存在转移的问题。”

从各执一词到扑朔迷离

“2008年至去年，我们一直在谈离婚的事，怎么会突然蹦出2001年的判决呢？”宋雅红称，这份判决书错误丛生：宋雅红的“红”被写成了“宏”；杜双华及长子、次子的出生日期都写错了；此外，在原判决书上，宋杜二人的二儿子名字“未改先知”。因为出现在判决书中的名字是2007年3月才在公安局更换的。

针对这些所谓“纰漏”，杜双华在声明中作出了解释。比如当年双方“准备结婚的时候，我（杜双华）还没有到法定年龄，因为结婚去作了（出生日期）更改”等等。

杜双华出示的判决书错误丛生：
宋雅红的"红"被写成了"宏"，杜双华及长子、
次子的出生日期都写错了；
而宋雅红在回应杜万言书时对很多涉及财产的争议未作正面回答，都用"都是他说的，去问他吧"来搪塞……

时至今日，杜双华的财富已发生翻天覆地的变化。"十年后，这起普通的离婚案突又钩沉起变，横生枝节，将一个普通的离婚诉讼演化成一起离奇的豪门恩怨 。"杜双华如是感慨。

人们疑问的是，宋在回应杜万言书中，强调自己受害人身份的同时，对很多涉及财产的争议未作正面回答，都用"都是他说的，去问他吧"来搪塞。"如果我对 2001 年衡水法院的判决知情，怎么可能会接受净身出户？要知道，当时杜双华的资产已经达到了四五亿元。"说到委屈处，她几次眼泛泪光。

而一开始，杜双华离婚案本应出现明显有利于他的局面，因为经过法院判决或调解已经生效的离婚案件，当事人不能申请再审。可是在 2010 年 11 月，衡水中院却主动启动了再审程序。宋雅红的律师团队发现，这一申请竟然来自于杜双华。杜双华提出 10 年前衡水中院的离婚判决有误，衡水人大随后向衡水中院提出了再审的建议。难想像杜双华为了一套住房，2010 年辗转请求再审。因为按照他的声明，他曾答应宋雅红从 1 亿到 5 亿的离婚条件。这一切都让这场号称"国内离婚第一案"的婚姻官司变得更加扑朔迷离。

资本市场也受影响

实际上这桩家务事，因为当事一方是商业巨擘，涉及了数百亿的财产，而影响到了资本市场。

就在今年 4 月份，杜双华及其"钢铁管理团队"正准备大干一场——日钢在数月前托管的五矿营口中板公司已宣布实现扭亏为盈，6 月 8 日，日钢又与央企中冶科工集团控股的中冶京诚（营口）装备技术有限公司达成协议，提供"诊断"服务，标志其再次进驻第二家央企。

现在，摆在杜双华面前的有两大课题：一是与山东钢铁的重组谈判，二是包含辽宁营口在内的新业务开展。在这样的时刻，宋雅红申请了对杜双华巨额资产保全，使这场婚变可能引发"股权大战"。

按照 2010 年 8 月披露的重组方案，日钢和山钢重组的方式将以山钢拿出现金一次性收购日钢及关联公司资产的方式完成。如果财产被法院保全，那么在这期间，按法律规定，无论是股权还是实物资产都不能进行与所有权相关的处分，包括资产、股权的转让或质押。

因此，如果法院同意对杜双华的财产进行查封保全，那么在保全期间山东钢铁和日钢的重组将不可避免地受到影响。不少行业分析师认为，假定杜双华日钢股权最终半数被妻子分割，则日钢将多出一个重要的股权人。这将会削弱杜双华的力量，减少其在与山钢谈判时的筹码，使得山钢重组事件朝着不利于日钢的方向发展。

和解或成最大可能

从杜双华的创业历程不难看出，他选择 2001 年这个时间点离婚别有深意。因为杜双华财富帝国是 2001 年后在各地开办制管厂后快速累积的，他此举的用意在于离婚后的财产属于他个人所有，与宋雅红无关。

可事实并不尽然，在杜双华的创业轨迹中，1993 年创立的京华制管厂功不可没，2003 年的京华创新集团正是在该制管厂的基础上合并组建的。1993 年，属于杜宋婚姻存续期间，杜在京华制管厂的股份理应属于夫妻共同财产，有宋雅红的份额。如果 2001 年离婚时未对该股份进行分割，后续以该股权进行的投资，就属于以夫妻共同财产所取得的收益，宋也应享有一半的份额。

宋雅红申请了对杜双华巨额资产保全，使这场婚变可能引发"股权大战"

对于财产分割，杜双华的日钢正面临与山钢合作，他目前最大的想法也许就是出钱息事宁人，好让自已的事业回到正轨。对于衡水法院而言，本案程序上存在瑕疵，媒体关注度又如此之大，想必所承受的压力也不小。因此，在本案中，在调解环节法院一定会狠下功夫。

但现阶段宋雅红根本不谈财产分割，只是一味的强调衡水中院的判决应该撤销，婚姻回到原点。对此，衡水法院的做法是将离婚再审延期审理。此举用意在于将案件冷一冷，以降低媒体的关注程度。对于宋雅红而言，撤消这条路走不通时，她最终还是会面对事实，回到财产分割上来。此时，可能调解时机就成熟了。

COMMENT

万文志
上海海耀律师事务所主任、合伙人

"透视本案，我们看到了我国民事诉讼制度设计的缺陷，立法者应当纠正缺陷，完善司法制度。这才是本案的深层次意义。"

在杜双华妻子宋雅红"被离婚"一案中，恰恰暴露出民诉法立法的缺陷。

《民事诉讼法》第一百八十三条规定："当事人对已经发生法律效力的解除婚姻关系的判决，不得申请再审。"该法条的立法本意是，离婚案件涉及人的身份关系，判决一经生效就可能有新的法律关系（如新的婚姻关系）产生，即使再审，在事实上也不能恢复过去的婚姻关系。同时，《最高人民法院关于审理离婚案件如何认定夫妻感情确已破裂的若干具体意见》第十二条规定："一方下落不明满2年，对方起诉离婚，经公告查找确无下落的，一方坚决要求离婚，经调解无效，可依法判决准予离婚。"该条规定的目的是为下落不明人的配偶名存实亡的婚姻提供法律救济。

有了《民事诉讼法》对解除婚姻关系的生效判决"不得再审"的一刀切规定，加上司法解释的规定考虑不全面和法院操作时的不慎重，给合法婚姻关系造成了严重的法律隐患，造成了"被离婚"的现象多有发生。一些人找到了采用瞒天过海手段获得"离婚"判决书，让配偶一方在不知情的情况下"被离婚"，肆意损害对方合法权益的游戏空间。

随着社会的发展，财产关系在婚姻关系中所占比重越来越重；如果透过类似案件所暴露出的立法缺陷不能得到纠正，在本案的"启示"下，"被离婚"案件将会越来越多。

陈晓峰
北京智维律师事务所主任、合伙人，著名风险管理专家

"创业早期缺乏财产公证等法律意识，为以后可能产生的财富纠纷埋下了隐患。"

因为企业家的婚变牵扯了太多附加因素，本是"家务事"的婚姻问题也就成了具有社会性的公众问题。人们一般觉得年轻人由于缺乏定性、婚姻草率等导致离婚率更高一些，但是，调查数据显示，在离婚者中，40岁左右离婚的占据多数，其中企业家离婚率更是高得惊人。

2011年的"新财富500富人榜"数据显示，在上榜富豪中共有46对夫妻档，这些夫妻在其创立的企业中分别占有不同的持股比例。此外，在我国数以百万计的中小企业主中，创业夫妻档难以尽数，由于创业早期缺乏财产公证等法律意识，也为以后可能产生的财富纠纷埋下了隐患。

传统观念认为，在家族式企业中，毫无血缘关系的夫妻档是不稳定性最高的组合。一旦婚姻遭遇危机、财产分割不当，给企业运营带来的风险或许相对也会较大。当前，对于众多企业家来说，这可能是比单纯做企业更困难的事：爱恨情仇的情感纠葛、锱铢必较的金钱争夺、指手划脚的舆论评说，各种劈头而来的压力不由分说地将企业家拖进巨大的漩涡，其身心健康和事业发展都受到极大影响，有时甚至是致命的一击。

企业家由于不同于普通的自然人，他还要肩负起企业生存和发展的重任，因此，企业家的婚姻变局将带来更多的社会问题。企业家的婚姻变局影响着企业的生存与发展，已经成为企业必须面对的重要风险之一。

茉莉
绝对100婚恋网总裁、国内著名婚姻关系专家

"人固然有趋利避害的本能，但如果不分场合地锱铢必较，那很可能会两败俱伤。"

海尔集团董事局主席张瑞敏当年的一句"没有几个企业家的婚姻家庭是圆满幸福的"正不断得到验证。

苟富贵，即相离？当爱情已成往事，一场婚姻的尽头是否一定是怒目圆睁？

夫妻应该是世界上最亲密的关系之一，即便婚姻破裂，也没有必要仇人相向。除非是在婚姻的过程中，不仅爱已经消磨殆尽，甚至还滋生出许多恨意来，否则，对于曾经爱过的人，分手后难道不也同样希望TA能生活得好吗？

不管是普通人也好，还是像杜双华这样的名人也好，婚姻走到尽头，最好的处理办法都是珍惜那最后一点余温，和平、理性地分手，这不仅有利于双方重新开始各自的人生，也可以避免身边的其他人受到太大的冲击。人固然有趋利避害的本能，每个人都会本能地追求自我利益最大化。但如果不分场合地锱铢必较，那很可能会两败俱伤，甚至伤及无辜。

万文志律师对最高人民法院及时出台司法解释做出呼吁，望能纠正《民事诉讼法》中这一严重的立法缺陷。

双方各执一词

"我手上有2001年2月1日法院开具的收取诉讼费的单据，在当年的《人民法院报》也可查到公告送达的记载。"

"分开后，我曾给宋雅红的资助超过一千万元，对她提出买农场、买一亿元的写字楼、支付五亿现金等要求，都一一答应"。

"为什么父子正常的对话，还要处心积虑的让儿子暗中录音？手段何其不堪？"

"准备结婚的时候，我还没有到法定年龄，因为结婚才去作（出生日期）更改"。

"离婚这么大的事，我自己怎么都不知道？"

"如果我对2001年衡水法院的判决知情，怎么可能会接受净身出户？要知道，当时杜双华的资产已经达到了四五亿元。"

"2010年我还和杜双华坐在一起讨论如何离婚的问题。通过这个录音可以证明我之前完全不知道已经离婚。"

"2001年判决书上宋雅红的'红'被写成了'宏"'；杜双华及长子、次子的出生日期都写错了。"

徽商新境界
NEW MERCHANTS OF ANHUI

文 _ 钟海泉　设计 _ 舒帆

在中国古代传统的商帮中，以徽州商人为核心的徽商占据重要的地位。徽商曾与晋商，史称南北两大商帮。然而，随着社会的变迁，当代徽商无论与近邻的苏商、浙商，还是与南方的粤商、北方的鲁商、西部的川商相比，气势都有所不如。徽商的荣耀真的只属于过去吗？

贾而好儒大商帮

史料记载，徽商萌生于东晋，成长于唐宋，盛于明，衰于清末。在明、清鼎盛时期，徽州商贾四出，足迹遍布全国，直至中国境外。“其货无所不居，其地无所不至，其时无所不鹜，其算无所不精，其利无所不专，其权无所不握”，徽商商业资本之巨、活动范围之广、从业人数之众、涉及行业之多、经商能力之强，可见一斑。

据历史考证，古时徽州的居民大多源自躲避战乱而南下的北方移民，他们在皖南的崇山峻岭中开辟出一片“世外桃源”。但随着移民不断地涌入，地少人多的环境导致了生存空间的逼仄，徽州人不得不走出山外，到外面的世界去闯荡。长此以往，出外经商便在徽州形成了一种风俗。在徽商发展的黄金阶段，徽州成了一个高移民的输出地区，70%以上的成年男子离乡从事商贸经营。

“前世不修，生在徽州，十三四岁，往外一丢。”这句徽州古老的民谣，描写的正是古代徽商的生存境况。外出的徽州人从小做起，逆境求存，忍辱负重，坚忍不拔，留下了“无徽不成镇”的令名及“非勤俭不能治生”、“贷本经商”、“徽骆驼”、“绩溪牛”等宝贵的精神财富。徽州商人作为流动大军足迹踏遍了大江南北，通过商海历练，出现了一大批成功的商人。如胡雪岩、程霖生、王茂荫、王致和、张小泉等。

贾而好儒是徽商的重要特色。许多优秀的徽商，受到较深的儒学教育，掌握了一定的文化知识，使他们在经商中善于运用心计，精干筹算，审时度势，决定取予。儒贾以经商为名而行儒教之事，贾儒以崇儒为名而行经商之事。正因为如此，徽商在确立自己的精神内涵时才高瞻远瞩，他们有敏锐的创业眼光、进取的人生态度、诚信的处世风格、合作的人际关系、严格的契约意识。徽商从无到有，从小到大，乃至于发展为雄视天下的大商帮。这种儒商精神，它的根深深扎在中国传统文化的土壤之中，所以徽商能够叶茂，成为中国古代第二大商帮。

徽商杰出代表人物胡雪岩

荣耀只属于过去?

直到大清王朝的覆灭，历史进入新的时代，徽商的命运渐趋衰落。安徽省社会科学院当代安徽研究所所长沈葵认为，传统徽商衰落的原因是清中叶（道光年间）取消盐业垄断经营，加上太平军长期战乱，以及地方官府的敲诈勒索，近因则与民国时期到新中国建立后徽州地方宗族社会的逐步解体有关。

然而，随着社会的变迁，当代徽商无论与近邻的苏商、浙商，还是与南方的粤商、北方的鲁商、西部的川商相比，气势都有所不如。人们不禁要问：徽商的荣耀只属于过去吗?

徽商全国理事会秘书长韩新东不这么认为。“如今虽然时代背景不同，商业环境发生了很大变

皖籍民营企业家、苏宁电器集团董事长张近东

化，徽商从事的行业也有很大不同，但徽商创新的精神不断得到继承和发扬。如首创中国汽车民族品牌的奇瑞汽车董事长尹同跃、比亚迪董事长王传福、家电渠道之王张近东、食品行业巨头祝义材，都从不同角度诠释了徽商的创新传统。"韩新东如是说。

而有趣的是，韩新东提到的张近东、祝义材、王传福等都是出自安徽却在省外建功立业的企业家，和他们一样的还有王石、方洪波，史玉柱等等。如何看待徽商"外流"的现象呢？韩新东以为，商人的价值在于"趋义就利"，"如今全世界的资金、人才都聚集到中国来，道理其实是一样的。反过来说，不管老徽商还是新徽商，有很多知名企业家最辉煌事业都在安徽以外，我们乐见其成，而不会非要争论其是徽商还是浙商或苏商。有这样的包容胸襟，新的商帮群体才能发展得更好。"

韩新东认为，从古近代的盐、茶、文化用品、典当，到当代企业所经营的门类众多的现代工商业，虽经营方式和项目不同，徽商精神的传承却有着许多相同的根基。

风采卓然新徽商

"不管是古代徽商，还是当代徽商，他们都具有诚实守信、开拓进取、乐善好施的特性。"韩新东认为，站在历史的新起点，如何弘扬徽商精神，凝聚徽商力量，传承徽商文化，增进徽商群体学习交流，推动中国新一代徽商群体持续壮大，健康成长成为一个重要的课题。这也成为徽商全国理事会的使命。

徽商全国理事会作为一个致力于研究安徽经济发展，为徽商提供全方位解决之道的服务机构，是以徽商群体为服务主体，旨在为各界搭建一个沟通信息、交流经验、共谋发展和结交良师益友的平台。据韩新东透露，徽商全国理事会目前已成功发展会员 200 余家。

韩新东告诉记者，"徽商奥斯卡年度盛典"是徽商全国理事会发展至今中具有里程碑意义的大事。2010 年岁末，首届徽商奥斯卡年度盛典召开，近千名徽商齐聚安徽合肥。活动历时四个月，面向全球评选出"十大徽商领袖"等八大获奖榜单，是迄今为止规格最高，规模最大的徽商盛典。

“首届徽商奥斯卡年度盛典定位高、覆盖面广、内容丰富，全面提升了徽商全国理事会的各项工作水平和影响力，吸引了全球徽商的目光。”韩新东说，“徽商已成为改变中国的商业力量，每一年梳理和盘点徽商在中国经济进程中的成就显得十分必要。”目前，理事会各项工作逐渐常态化、系统化、专业化、科学化，形成了“徽商名媛俱乐部”、“徽商大讲堂”、“徽商皖江行”、“徽商·中国科大EMBA圆桌论坛”等品牌活动。徽商全国理事会正不断完善理事会活动平台，让更多的商业智慧在理事会开花结果，让企业家资金、渠道、智慧形成新的经济增长点。

韩新东相信，徽商不仅能创造历史，也将拥有未来。

安徽新首富、中鼎控股（集团）股份有限公司董事长夏鼎湖

2010 胡润百富榜上的新徽商　　（资料来源：胡润百富）

排名	财富（亿元）	姓名	企业	总部	籍贯
7	350	张近东	苏宁电器	江苏南京	安徽
12	310	王传福	比亚迪	广东深圳	安徽巢湖
17	260	吕向阳	融捷投资	广东广州	安徽巢湖
29	220	祝义材	雨润	江苏南京	安徽桐城
51	150	史玉柱家庭	巨人集团	上海	安徽蚌埠
64	120	张桂平家族	苏宁环球	江苏南京	安徽
341	41	史正富	同华投资	上海	安徽
406	35	陈光标	黄埔再生资源	江苏南京	安徽（祖籍）
465	30	夏鼎湖	宁国中鼎	安徽宁国	江苏
498	28	余渐富	南翔集团	安徽安庆	安徽东至
640	23	姜文	华菱电缆	安徽无为	安徽
803	18	杜应流	应流集团	安徽合肥	安徽霍山
861	17	阎炎	软银亚洲	北京	安徽
902	16	邰正彪	泰尔重工	安徽马鞍山	安徽
902	16	叶世渠	天大集团	安徽天长	安徽
964	15	吉立昌	大昌矿业	安徽霍邱	河北武安
964	15	姜纯	楚江投资	安徽芜湖	安徽无为
964	15	宋礼华兄弟	安科生物	安徽合肥	安徽当涂
964	15	赵宽	天康集团	安徽天长	安徽天长
1041	14	何思模	易事特	广东东莞	安徽安庆
1041	14	赵建军兄弟	普连技术	广东深圳	安徽桐城
1151	12	熊立武	江南化工	安徽马鞍山	安徽
1210	11	后学东	江淮电缆	安徽无为	安徽无为
1210	11	刘冀鲁	鼎泰新材	安徽马鞍山	安徽
1210	11	束龙胜	鑫龙电器	安徽鑫龙	安徽
1271	10	开晓胜家族	盛运股份	安徽桐城	安徽
1271	10	钱永强	联东伟业	北京	安徽

家族财富大管家

文＿周阳　设计＿舒帆

私人银行业的贵族基因都是确定无疑的。正因为这一历史渊源，私人银行从诞生那一刻起，就在服务的形式和内容上，深深体现出贵族精神中对家族传承的看重。

承继了财富，不一定能承继相同的禀赋；承继了相同的禀赋，也未必能承继相似的运气，在很多财富创造者的第二代、第三代继承人那里，财富已经不仅仅意味着资本，它实际上也是一种责任，一种家族持续繁荣的责任。这个责任一点也不轻松。

维多利亚·马尔多纳多17岁时就离开家族前往美国康奈尔大学求学，毕业后搬到东京，在那里学习日语，30岁时，她在纽约的金融行业工作。一天，她接到父母打来的电话，他们在电话里说，“你怎么不回来看看我们的情况呢？”

这是马尔多纳多的家族企业在召唤她：“这不仅仅关系到家族团结，还关系到家族结构。”可是，对刚刚30岁的她而言，并没有做好准备承担这样的重任。就在这时，她家族的银行家介入了进来——JP 摩根私人银行 (JPMorgan Private Bank)。

此后发生了一系列有趣的事情，马尔多纳多的私人银行家为她安排了从未有过的课程和行程，见到很多在不同方面很杰出的人，马尔多纳多迅速找到了作为家族财富继承人的感觉，并不再感到孤单乏力。

小关是另一个发生在中国的案例。她的家族背景优越，父亲临近花甲之年，决定不再做生意，尽享人生天伦，于是将资产交与一家私人银行打理。现在小关也有自己的一份事业，她交给私人银行的那部分钱是准备留给她儿子用的，她希望儿子将来承继这部分资产的同时，也能同样得到私人银行家的专业支持。

越来越多的案例表明，中国经济飞速发展的这些年，民间已经积累了大量的财富，很多人的财富有可能是上一代传下来的，或是凭自己特殊的天赋与努力得来的（如职业球员、艺术家等）。这些人往往愿意将自己更多的时间与精力用在自己热爱的专业事物上，对打理财务方面的事情反倒没有什么兴趣。

小关的好朋友凯，是一名化学教授，他也继承了父亲的千万财产。现在，这位化学教授同样将这些资产交给了私人银行打理，自己只是潜心在实验室做实验。

在这些故事里，私人银行都扮演着同一个重要的角色——家族财富的“管家“，它不仅帮助第一代创富者守住家业，还支持后来者传承家业。而这，其实是四百年前的私人银行家就负有的使命。

与财富家族共生共荣

私人银行始于 16 世纪的瑞士日内瓦。

一种起源说法是：当时，法国一些经商的贵族因宗教信仰原因被驱逐出境，形成了第一代瑞士的私人银行家，欧洲的皇室高官们迅即享受了这种私密性很强的贵族金融服务。

另外一种说法是：私人银行起源于欧洲十字军东征时期——部分贵族出外征战，家中财产由留守的贵族代为管理，这些贵族逐步形成了第一代私人银行家。

无论哪种说法，私人银行业的贵族基因都是确定无疑的。正因为这一历史渊源，私人银行从诞生那一刻起，就在服务的形式和内容上，深深体现出贵族精神中对家族传承的看重。

实际上，那些有着悠久历史的私人银行也是在与财富家族的共生共荣中发展壮大起来的。比如瑞士的隆奥银行（Lombard Odier）就是一家历史悠久的私人银行，本身也是一个家族企业，目前已经是第 7—8 代在接管业务。他们自身的这种特性，使他们在经营客户的财富时，得以和客户形成一个利益团体，因为他们自身的担忧也是其他富豪所担忧的，它知道如何保存客户的财富，从而也保护自己的财富，两者的利益在一起，一荣俱荣，一损俱损。

时至今日，在瑞士日内瓦看似并不华丽的古典建筑中，依然聚集着数家历史悠久、有着厚重文化底蕴的知名私人银行机构，Lombard Odier 就在其中，他们大多都依然服务于资金实力雄厚的家族客户。诚信重诺、世系传承——这是瑞士私人银行业给全球私人银行业留下的优良传统。

到了 18 世纪，受惠于工业革命的影响，伦敦成为世界金融与贸易中心，随着英国经济贸易的繁荣，财富阶层的形成使伦敦的银行业将目光转向财富阶层，开始提供财富管理的特殊服务。

19 ~ 20 世纪，美国科技发展导致工业空前繁荣，由此产生巨大的财富效应，涌现出大量的新兴富翁。美国本土银行在遵循欧洲传统的基础上不断创新，私人银行业务也得以迅速成长。还有一批金融专家、法律专家和会计专家，他们聚集在那些抓住产业革命机会的财阀身边，专门帮助后者研究管理和保护其家族财富和广泛的商业利益，在此基础上，又衍生出了以专业为富豪家族打理钱财的“家庭办公室”。这些家庭办公室也往往有延续几代的承继现象，其中最具代表性的为英国著名的私人银行 Grosvenor Estate，为西敏寺公爵家族服务了 300 多年。

由此可见，无论是最早的贵族型私人银行，还是现代的专家型私人银行，都是和财富家族的传承和发展共生息共繁荣的。

“几百年前的富豪和今天的富豪顾虑都是一样的，就是他想保持富裕的状态。而当他不断创造财富的时候，又有新的问题，下一步该怎么办?因此，私人银行现在做的事情和几百年前不会有太大的区别：首先是管好家族的事情，其次是分散投资，此外是如何周转资金。“瑞士隆奥（亚洲）的私人客户部总监叶峰立说。

所以，发展至今，私人银行对财富家族“从摇篮到坟墓”的管家型金融服务特质从未改变。若要对私人银行做一个简单定义，通俗地讲它就是专门针对这个世界最富有人群和家族的一种个性化极强、私密性极强、尊贵性至上的金融服务，涉及到的服务内涵包括：财产保护、财富积累与财产传承，其内容除了量身定做的投资理财产品和资产配置计划，甚至还包括教育规划、移民计划、合理避税、信托计划、慈善项目等等，几乎可以渗透到财富家族生活的每一阶段、每一个细节。

私人银行与财富金字塔顶端的关系如此密切和值得信任，以至即便在金融风暴的冲击下，私人银行的表现也可圈可点：全世界90%以上的私人银行在金融危机的背景下依然创造了利润。

一方面，这是因为私人银行业能够根据外部商业环境的变化，适时进行运营模式的调整，与投资银行业相比，私人银行业表现出更强的抗击系统性风险的能力；更重要的是，也得益于他们长久服务于全世界最成熟的财富人群所积累下的宝贵经验——四百年的金融管理和服务经验，以及私人银行家血脉中的对财富和家族观念的深刻了解，成就了他们身为财富金字塔顶端"管家"的天职。

离不开的管家

常人看到的私人服务总是它的外在形象：免费的茶室、酒吧、沙龙，装点的古玩和金银陶瓷，名画鉴赏，甚至还配有专门的茶艺师和钢琴师……但私人银行服务的实质却远远不是肉眼能够看到的。

十年前，小关走进一家私人银行，那里并没有华丽的门面、精致的壁饰与地毯，只有森严隐秘的小会议室提供异常安静的空间。迎接她的是在私人银行服务了十余年之久的理财顾问安娜。

"安娜就像是我的贴身秘书，虽然她远在新加坡，但她每个月都会飞过来请我吃饭，汇报我的资产情况。她清楚我的收入情况、生活习惯偏好以及投资意向，在做投资计划时，她会将这些因素考虑进去。除了清楚我的财务状况，她还非常了解我儿子的喜好、学习进度、身体状况等。除了定时跟我见面沟通之外，其他时候只要我有需要，她都会马上飞过来。"

小关很少亲自登门私人银行，很多交易也是通过电话或网络完成。投资股票、债券、对冲基金和外汇等金融产品都会听从安娜的建议，在购车、买房等事务方面也会请她帮忙。"不管买什么，我都会找她商量，比如房产字画，她都会帮我先行评估再告诉我可行性。因为在安娜背后有一个很大的团队，他们及时为安娜提供各种分析信息，所以任何与钱有关的事情找她都没有错。"

杨先生，资产在3000万到4000万之间，孩子在国外读书。杨先生的理财顾问来自一家国内银行的私人银行部。在企业管理方面，理财顾问帮他重组了贷款，减少了利息支出，解决了企业运营中的财务效率较低的问题；在家庭生活中，理财顾问指出杨先生一家保险需求上的漏洞，帮助制定了更加合理的保险框架。2009年，杨先

瑞银集团（UBS）多年来稳坐全球私人银行业务第一把交椅

生想购买港股以分散投资风险，但银行并没此类业务，于是理财顾问为他介绍了一家券商，在券商的帮助下，杨先生通过合法的渠道参与海外市场投资，投资金额达到300万港币。此外，因为子女在国外留学，经常需要购汇来支付学费和生活费，杨先生的私人银行顾问还为其提供了选择购汇时机的咨询服务，帮助他规避汇率风险……

为赢得客户的信任，私人银行可谓各显神通，提供的服务和产品几乎涵盖了生活的方方面面：他们帮助客户管理庞大的资产，投资于股票、债券、对冲基金和外汇等金融产品，提供并购案的建议及标的，帮助客户购车、买房，打理他们的税务，为他们的事业继承以及子孙后代的财产问题出谋划策，建立家族信托基金；甚至还帮助客户策划慈善捐助、收藏鉴定，代表客户到拍卖场所竞标古董。

私人银行发展至今，对财富家族“从摇篮到坟墓”的管家型金融服务特质从未改变。若要对私人银行做一个简单定义，通俗地讲，它就是专门针对这个世界最富有人群和家族的一种个性化极强、私密性极强、尊贵性至上的金融服务。

随着越来越多富裕家庭制定“百年发展规划”，私人银行的职能已逐步扩展到家族企业的财务总监，需要经常性运用诸如财务规划、信托和不动产咨询等创新的金融产品与技术，满足客户日趋复杂的投资策略需求，一些富豪甚至可以拥有多达10位私人银行家为其理财。

更有甚者，一些私人银行还越来越重视帮助富人们进行家族传承的教育服务。

前面提到马尔多纳多在面对家族事业的继承时，得到她的私人银行家——JP摩根的帮助。当时，JP摩根私人银行首先邀请她参加了数场“下一代领导能力”研讨会，还送她前往上海参加了为期三天的“维持家族企业”研讨会，讨论的议题正是“数代人的财富”——从管理财富说到转移财富。有趣的是，JP摩根私人银行还邀请她观看了《李尔王》的录象，以说明代代相传中的问题。然后，在上海的几家顶级餐厅和俱乐部准备了酒宴，为马尔多纳多以及和她一样的财富后代创造放松的环境，让他们自己交谈。马尔多纳多说，“在这种放松的环境下喝酒，你可以谈论你的家族，而且你知道不会有人对你说三道四。”

这一切帮助马尔多纳多勇敢地面对即将面临的挑战。“我从中知道其他家族如何处理所有这些领导权问题的，其他家族是如何讨论钱的。”她说，“在我去听完所有这些故事后，热情高涨了。”

当然，JP摩根不是唯一一家这样做的银行。花旗集团私人银行在纽约开了门课程，在新加坡加开了一门，以专注于亚洲特有问题。汇丰银行提供了一门专门针对顶级拉美客户子女的课程，渣打银行有一项“新锐青少年精英俱乐部”，服务对象为渣打私人银行客户的6—21岁的子女。

而瓦乔维亚银行雇了一位哲学家来仔细研究这类事务。瓦乔维亚银行的哲学专家是基思·惠特克（Keith Whitacre），他是家族兴旺问题负责人，拥有芝加哥大学博士学位。“长期以来，我们忽略了一个问题：我们如何让家人准备接受金钱？”他说。“我们正在着手处理这种早期的忧虑，并告诉他们如何去做。”他的课程着重教育父母如何与孩子谈论财富传承的挑战。

“令人害怕的例子是一直有的，受惊的人们心底思量：我应该不单单让我的孩子继承这些钱。”花旗集团私人银行董事总经理兼高净值业务负责人里奇·迪蒂齐奥（Rich Ditizio）说。据估计，到2052年时，美国将有41万亿至136万亿美元要传给后人，所以父母们也希望确保这种财富转移不会毁了他们的孩子。

私人银行对家族财富的管理和服务，从物质层面走到了精神层面——对那些金字塔尖的家族而言，越是富有，就越离不开这个“管家”。

携手中国新富

毫无疑问，中国正在成为私人银行业最具发展潜力的地方。

中国的第一批企业主们在快速的经济扩张中取得了成功，已经或者正在积累着相当规模的私人财富。在这个背景下，中国的私人银行服务也酝酿着巨大的需求。

瑞士隆奥（亚洲）的私人客户部总监叶峰立认为，现在的亚洲就像是几百年前的欧洲，但是现在亚洲所创造的财富比欧洲多，亚洲的财富创造者也比欧洲的要年轻。从这个意义上说，未来20年，中国将是全球私人银行最大的市场。

中国私人银行服务的第一大现实需求来自于

EFG银行的创新模式在私人银行业中独具代表性，它的组织形式和赢利中心以"客户关系官"为中心

创富第一代的积极的拓荒心态，他们还希望延续一直以来资产快速升值的走势，积累更多的财富。这种需求使得在亚洲和中国的私人银行一度推出很多高风险高收益的杠杆投资产品，通过金融杠杆，成倍放大投资收益。

但这不会是常态——金融危机已经使一部分投资人接受了教训，从而更加成熟稳健。与此同时，仔细观察，可以发现中国内地的财富管理市场正随着第一代富豪的逐步老去而发生变化，他们积聚的财富正以惊人的速度转移给下一代，这个阶段必然会产生新的服务需求——简而言之，那就是如何避免"富不过三代"的全球性财富难题。

《福布斯》杂志曾经就近20年的全球富豪排行榜进行过研究，发现在400位曾进过全球富豪排行榜的名流中，只有1/5的人能够维持其地位，大多数富豪因"千金散尽"而退出富豪排行榜，有的甚至已经破产。

很多学者也早就分析过华商在财富传承上难逃"富不过三代"的定律，得出的原因是：财富因下一代管理不善而消失殆尽；财富创始者缺乏长远意识，未能提前做好财富继承的合理安排，导致财富在家族内耗中化为乌有；少有财富创始者对财富进行社会层面的思考，如采用基金管理、用于慈善以保证世代传承。

事实上，无论是海外，还是中国，这些问题都已经在私人银行家的视野之中。瑞士银行私人银行亚太地区首席执行官施许怡敏说："对于到达这些层面的客户而言，赚钱绝不是第一要务了，如何保有他的财富比赚更多钱更有意义，'永远富下去'才是一件更难的事情。"

从这些金字塔顶端的家族财富构成来看，财富的承继可不像平常人那么简单，涉及税法、公司法以及产业和金融等各种领域，往往已经不局限于私人财产的管理，还需要深入其所处的行业，提供股权结构、套利收入、企业管理等方面的规划；而家族的继承含义就更加宽泛，其中既涉及子女教育、家庭决策管理等领域，也涉及为家族后代对财富的支配和使用提供咨询意见等等。这样跨行业的事务，除非一个了解全局的专业"管家"(或团队),对任何一个"富二代",靠一己之力，几乎是不可能完成的任务。

而由于财富积累的时间还不足够长，中国的新富家族成员还过于年轻，财富管理的知识和理念还相对薄弱——许多第二代、第三代对越来越复杂的金融产品和工具知之甚少——财富的家族传递面临比欧美更加严峻的技术困难。

另一个压力则来自时间，尽管中国国内目前还没有开征遗产税和赠予税——而在境外，遗产税、子女税最高可以到50%——但这一大势所趋，正在迫使财富家族的人们必须提前做好准备。

与成熟的西方市场不同，中国新富还面临一个社会责任的问题，这一责任将直接影响到家族价值观的传承和全社会对其家族财富的认可。

一家私人银行部门做了一项关于客户心理行为的调研活动，发现不少财富人群其实并非所谓的"为富不仁"，他们很愿意参与到慈善活动中来，但是他们对目前做慈善的渠道普遍没有信心，担心捐出去的钱无法达到当初的目的。于是，银行迅速推出了帮助富人们做慈善规划的服务，如派出"扶贫经理"与客户一起去贫困山区，对口定点支援；当有客户表示想建立一个扶贫基金时，银行会专门建立团队为其提供免费的专业慈善服务，指导其设立并运作慈善基金。

李晓芸是法兴私人银行中国区的负责人。她回忆起在汶川大地震时，曾有一位家族企业二代客户萌生了这样的想法：把家族留给他的三分之二财富建立慈善基金，"这也许是他一时的想法，但我们希望把这一时的想法促进成实际行动"。

据一家商业银行相关人士介绍，在他们的私人银行客户群体中，企业二代的比例占了整个私人银行客户群体的十分之一强，而且还在呈现不断增长的态势。

是的，中国年轻的财富家族需要有专业的财富"管家"，使他们能够健康持续地富下去，富过三代，成为未来中国真正的贵族。

三种主流的私人银行模式

1 独立型的私人银行
独立型的私人银行往往具有悠久的历史，由家族管理，承担无限责任。
2 投资银行型的私人银行
投资型的私人银行是依托投资银行业务发展起来的，业务领域上比较强调全球化，可以进行全球范围的资产配置。
3 商业银行型的私人银行
商业银行型的私人银行在业务开展方面，可以充分借助大型商业银行在规模、资源和信誉方面的优势，使得私人银行和传统的商业银行服务合为一体。

Julius Baer 私人银行是家中等规模的上市集团

乔布斯啃过的苹果精华何在？

文 _ 陈雪频　设计 _ 舒帆

苹果董事会在8月25日宣布，乔布斯已经辞去了首席执行官的职务，董事会任命蒂姆·库克，原首席运营官为新任首席执行官。而就在8月11日，苹果公司以3371.7亿美元的市值，一举超越了埃克森美孚，成为全球市值第一的公司。这是一个标志性的事件，意味着苹果登上世界之巅，一时无数"苹果粉"（苹果热爱者）为之雀跃。

8年前，苹果公司的市值也不过60亿美元左右。一家大公司，在短短8年之内，市值增加了近55倍，如果说这是企业史上的奇迹，估计没人会反对这一观点。全球顶尖的财经媒体，都在不约而同地为苹果公司和苹果公司的CEO乔布斯高唱赞歌。在《商业周刊》列出的全球最伟大公司中，苹果公司排名第一。而在《哈佛商业评论》88年来第一次推出的最伟大CEO排行榜中，乔布斯也是当仁不让地排名第一。

在连篇累牍的媒体报道中，大多数观察家将苹果的成功归功于其CEO乔布斯的天才。的确，乔布斯的个人魅力无与伦比，他的设计天才有目共睹，他的营销技巧会让无数"苹果粉"如痴如狂。不过，商业观察的角度来说，把一家公司的成功归于一个人是危险的，不管这个人多么伟大。一个企业家之所以伟大，不在于他多么有个人魅力，而在于他给企业带来了什么样的商业模式和企业文化，乔布斯也是如此。

乔布斯给苹果公司带来了什么？后乔布斯时代的苹果公司，还会让人膜拜吗？

为什么苹果市值猛增？

要回答这个问题，我们先看看从1997年到2003年之间，乔布斯在苹果公司做了些什么。1997年，乔布斯回到了他亲手创立的苹果，当时的苹果公司已经岌岌可危，市值不到40亿美元。乔布斯回到苹果做的第一件事情，是重新塑造了苹果的设计文化，推出了iMac，让苹果电脑重新成为“酷品牌”的代表。但资本市场对乔布斯的举动并不领情，iMac就像以前的苹果产品一样，是属于典型的“非主流”人士使用的，并没有给苹果的市值带来什么积极影响。

2001年，乔布斯推出了后来创造了奇迹的iPod，进入音乐播放器市场。不过，当时的这一举动也没有得到资本市场的欢迎。最早推出数字音乐播放器的公司并不是苹果，而是一家名为“钻石多媒体”的公司，这家推出数字音乐播放器的时间是1998年，比苹果公司早了整整3年。2000年，一家名为Best Data的公司推出了一款新的产品，这两款产品性能优良，既可随身携带，又新颖时尚。苹果公司推出的iPod，在功能并没有什么特别之处。

一直到2003年，苹果公司还是一家被“非主流”用户推崇的公司。虽然大众都知道苹果的产品不错，但愿意花钱为这种欣赏“买单”的人并不多。苹果公司在资本市场的表现一直中规中矩，虽然在2000年的时候苹果公司的市值也曾到达100亿美元，但那是拜互联网泡沫所赐。到了2003年，苹果的市值下滑到60亿美元，和乔布斯1997年重新执掌苹果的时候并没有多大长进。不过不要着急，从2003年3月开始，苹果公司的市值终于开始飙升了！

2003年苹果公司发生了什么事情呢？那一年，苹果推出了iTunes。这是苹果历史上最具革命性创新的产品，也推动了苹果市值的快速飙升。可惜的是，直到今天它的意义依然被低估了。起初的时候，iTunes只是一个和iPod相匹配的音乐管理平台。如今，它是苹果终端的管理平台，无论是iPod、iPhone还是iPad，都是通过iTunes来管理的。iTunes是苹果的创新枢纽。可以说，没有iTunes的出现，就没有iPhone和iPad这样革命性的产品出现。

为什么说iTunes那么重要？iTunes绝不只是一款软件产品，它的出现意味着苹果转型的开始。iTunes出现之前，苹果只是一家产品公司，虽然这些产品非常优秀，但在若干同样优秀的产品面前，苹果的产品是可以替代的。iTunes改变了这一切。随着iTunes的出现，苹果公司得以进入音乐市场，它不仅仅是靠卖产品赚钱，还可以通过卖音乐来卖钱。短短3年内，“iPod + iTunes”组合为苹果公司创收近100亿美元，几乎占到公司总收入的一半。

ITunes受到了来自用户、合作伙伴的广泛支持。因为iTunes的存在，能够让更多人更方便地下载和整理音乐，从而大大促进了iPod的销售，并让iPod和其它音乐播放器区分开来，短时间之内占领了近90%的市场。那些唱片公司也欢迎iTunes的出现，在iTunes出现之前，唱片公司对于泛滥成灾的音乐盗版无能为力，iTunes让他们觉得看到了盈利的可能性。当然最高兴的是苹果公司，它通过卖iPod赚硬件的钱，再通过iTunes赚音乐的钱。

2007年，苹果公司发布iPhone，掀起了一场手机革命。除了产品设计本身的创新之外，苹果公司还沿用了iTunes在iPod上的引用，在2008年推出了App Store，并和iTunes无缝对接。“iPhone + App Store”的组合，为苹果赋予了主导地位，引领了手机革命。迄今为止，苹果已经出售了超过5000万部iPhone，而App Store的程序总量也已经超过20万款，总下载量约为30亿次。和iPod颠覆了音乐产业一样，iPhone也成功地颠覆了手机产业。

2010年初，苹果又推出iPad。这款新产品采用了和iPhone同样的操作系统，外观也像一个放大版的iPhone，在应用软件方面也沿用了“iPhone + App Store”的模式。虽然这款产品存在很多争议，但无疑受到了“苹果粉”的狂热拥护，每周的销量超过20万部，并被公认为会颠覆未来的出版行业。在2010年7月20日发布的第三财季财报中，苹果表示，截至6月26日，该公司共计售出了327万台iPad、840万部 iPhone 以及 941 万部 iPod。

在说了那么多众所周知的事实之后，我们再来谈苹果在商业模式方面的创新。因为正是在商业模式上的创新，才会有苹果最近 7 年来脱胎换骨的变化，商业模式的创新远远超越了其在产品创新方面的意义。

苹果在商业模式上的创新

在分析苹果商业模式创新之前，我们先来定义一下何谓商业模式创新。在《哈佛商业评论》上发表《如何重塑商业模式》一文中，对商业模式的定义如下：商业模式就是如何创造和传递客户价值和公司价值的系统。这篇文章的作者是马克·约翰逊、克莱顿·克里斯滕森和孔翰宁，其中约翰逊是 Innosight 公司的联合创始人和董事长，克里斯滕森是哈佛大学教授，"颠覆性创新之父"，孔翰宁则是 SAP 公司的联席首席执行官。

商业模式由四个密切相关的要素构成：客户价值主张、赢利模式、关键资源和关键流程。其中，客户价值主张是指你能为客户带来什么不能替代的价值，赢利模式是指你如何从为客户创造价值的过程中获得利润，关键资源是指企业内部如何汇聚资源来为客户提供价值，关键流程则是指企业内部制度和文化以实现其客户价值。客户价值主张和盈利模式分别明确了客户价值和公司价值，关键资源和关键流程则描述了如何实现客户价值和公司价值。

回到苹果公司的案例上来。苹果公司的过人之处，不仅仅在于它为新技术提供时尚的设计，更重要的是，它把新技术和卓越的商业模式结合起来。苹果真正的创新不是硬件层面的，而是让数字音乐下载变得更加简单易行。利用"iTunes + iPod"的组合，苹果开创了一个全新的商业模式——将硬件、软件和服务融为一体。这种创新改变了两个行业——音乐播放器产业和音乐唱片产业。商业模式的创新对价值进行了全新的定义，为客户提供了前所未有的便利。

一个成功的商业模式，第一步就是要制定一个有力的客户价值主张，也就是如何帮助客户完成其工作。对于苹果而言，iPhone 的核心功能就是一个通讯和数码终端，它融合手机、相机、音乐播放器和掌上电脑的功能，这种多功能的组合为用户提供了超越手机或者 iPod 这样单一的功能。苹果的 App Store 拥有近 20 万个程序，这些程序也是客户价值主张的重要组成部分。除此之外，苹果在用户体验方面做得非常出色，这些都是苹果提供的客户价值主张。

成功的商业模式的第二步就是制定赢利模式，也就是为自己公司创造价值的详细计划。对于苹果公司而言，赢利路径主要有两个：一个是靠卖硬件产品来获得一次性的高额利润，二是靠卖音乐和应用程序来获得重复性购买的持续利润。由于优秀的设计，以及超过 10 万计的音乐和应用程序的支持，无论是 iPod、iPhone 还是 iPad，都要比同类竞争产品的利润高很多。同样，由于有上面这些硬件的支持，那些应用程序也更有价值。

经常有人拿苹果的赢利模式和吉列的赢利模式相比较，其实这两家公司的赢利模式是很不相同的。吉列主要是通过低价的刀架培养一批忠实的用户，再通过高价的刀片来获取利润。但苹果则是因为能够为用户提供那么多音乐和应用产品的选择，从而可以为硬件设备设置一个比较高的定价，在卖产品的时候就获得了很高的利润。在中国这样的发展中国家，音乐和软件销售收入并不高，但他们已经通过高昂的硬件产品定价，获得了很高的利润了。

明确了客户价值和公司价值，接下来就是如何实现这些价值了，这就是关键资源和关键流程。对于苹果公司而言，它的关键资源是它拥有一个出类拔萃的 CEO 乔布斯，而且有非常有创新能力的产品设计和开发人员，以及来自于唱片公司、软件开发者的支持。苹果公司的关键流程则是苹果公司鼓励创新的公司制度、企业文化和日常管理工作，这些流程确保苹果公司的创新具有可复制性和扩展性，从而不断开发出类似于 iPhone 和 iPad 这样的产品。

经过分析苹果在商业模式上的创新，可以看出，苹果在明确客户主张和公司赢利模式方面做了很多创新，从而在为客户创造价值的同时，也为公司创造了价值，并得到了投资者的认可。

支持苹果公司的创新动力的，则是乔布斯卓越的领导力，优秀的产品设计人员，优秀的产品营销人员，以及苹果公司强大的鼓励创新的企业文化和制度。这些要素缺一不可，相互影响并相互转化，形成了推动苹果创新的“动力火车”，创造出一个又一个伟大的产品。

如何创新商业模式？

同样是创新，从1997年到2003年，苹果侧重于产品创新，虽然也获得消费者的认可，但体现在公司市值方面不甚理想。而到了2003年以后，由于苹果开始创新自己的商业模式，创造了一个商业史上的奇迹。由此可见，商业模式创新比产品创新和服务创新更为重要。真正的变革绝不局限于伟大的技术发明和商业化，它们的成功在于把新技术和恰到好处的强大商业模式相结合。而苹果则是把新技术、新产品和新商业模式完美结合的典范。

商业模式创新可以改变整个行业格局，让价值数十亿美元的市场重新洗牌。这种创新由来已久，无论是沃尔玛还是百思买，还是西南航空和亚马逊，都是商业模式创新造就成功的典范案例。从1998年到2007年，成功晋级《财富》500强的企业有27家，其中有11家认为他们的成功关键在于商业模式的创新。高原资本公司创始人鲍勃·希金斯在谈及自己从业20年的体会时说：回顾公司的发展，我认为每次失败都归于技术，每次成功都归于商业模式。

那么，如何创新自己公司的商业模式呢？正如苹果公司做的那样，第一步就是要明确客户主张。也就是说要明确：客户到底需要什么？关于这一点，管理大师德鲁克有句名言：“企业的目的不在自身，必须存在于企业本身之外，必须存在于社会之中，这就是造就顾客。顾客决定了企业是什么，决定企业生产什么，企业是否能够取得好的业绩。由于顾客的需求总是潜在的，企业的功能就是通过产品和服务的提供激发顾客的需求。”

这就意味着，公司要去发现一个新的市场，这个市场往往不是通过市场调查得出来的。哈佛商学院市场营销学教授西奥多·莱维特（曾担任《哈佛商业评论》主编）曾告诫他的学生：“顾客不是想买一个1/4英寸的钻孔机，而是想要一个1/4英寸的钻孔！”在明确客户主张的时候，首先要问对问题。比如说，用户买iPad仅仅是为了买一台平板电脑么？答案绝对不是！那些客户想要买iPad，除了那些炫目的功能之外，阶层认同感也是一个重要的因素。

库克能接好“乔帮主”的班吗？

用《蓝海战略》中的价值创新理论（这个理论最早也是发表在《哈佛商业评论》上的）去解读客户价值主张，往往会有异曲同工之妙。利用价值创新曲线，重新审视对消费者真正有诱惑力的价值主张，并用自己的资源和流程来去满足他，就完全有可能创造出一个新的市场出来。创新商业模式的企业往往不会选择一个现有的市场和竞争对手火拼，而是重新审视消费者的价值主张，选择提供一个和现有产品不同价值主张的产品，从而创造了一个新的市场。

从苹果公司的高成长奇迹来看，高成长的公司对于赶超或打败竞争对手并不感兴趣，他们真正感兴趣的是创造与众不同的市场！

半岛双城暗战

文＿平治　设计＿晓燕

在环渤海地区，有两座十分相似的城市：大连和青岛，他们有着相似的历史，相似的地理位置，相近的气候条件，同样闲适的生活诉求，甚至连独特的异国情调都那么接近。他们都以“明珠”的美誉为世人称道，一个叫“北方明珠”，一个叫“黄海明珠”。

这两颗镶嵌在辽东半岛和山东半岛的明珠，以璀璨的光芒迷惑了旁观者，给人一种炫目的雷同感。但事实上，同样光芒掩映下的他们，文化、心理却有着太多的不同，而且这种差异在不断扩大。而经济因素，则以相当微妙和强大的方式，加剧了两座城市之间的竞争感和距离感。

管中窥豹，大连和青岛，半岛双城，正上演着一番戏剧性此消彼长的暗战。

大连：迷失的盛名

提到大连，他最耀眼的名片似乎只是大连这个名字本身，当然，如果你是个球迷的话，大连实德和大连万达的名号自然不陌生，但是除了足球，你还能想起什么？——或许还有他花团锦簇的城市规划，以及当年城市规划背后的明星市长——薄熙来。

不了解大连的历史，不能体会到大连的迷失。实际上，在这个千城一面的中国都市群中，大连还是相当的与众不同的。就如同都市中的东北人一样，无论在哪个阶层，都会把自己装扮成最为耀眼的一群。

建国初期的大连已经是上百万人的大都市了。这个城市在历史上深受俄罗斯和日本的影响，甚至“大连”的名号也是由这两批人赋予的。在这1万多平方公里的土地上，苏俄和日本人交相刻下自己的印记，随处可见的日俄式建筑，证明它曾经的国际化和特殊历史地位，这些过往，就像马赛克一样，虽然支离破碎，却也十分漂亮。

历史，对一座城市而言，永远是一笔不可多得的财富。

在那个一穷二白的困顿岁月里，俄国人和日本人留下的大连还是璀璨夺目的。他的工业体系，在积贫积弱的旧中国也堪称雄厚。尤其依托天然良港而衍生出的造船业，成为大连的一面旗帜。

但是，这样的历史终归是要戛然而止的，中断的历史让这个

2010 胡润百富榜大连地区

（资料来源：胡润百富榜）

排名	姓名	财富（亿元）	企业	行业
85	徐明	100	实德集团	建材、金融、家电、足球
98	黄毅	95	中升集团	汽车销售
220	李国强	57	中升集团	汽车销售
223	孙荫环	56	亿达集团	房地产、软件园、工业制造
465	曲乃杰	30	海昌集团	石油化工贸易、物流、房地产、旅游
465	周泊霖	30	宏光好运来	建筑、房地产、餐饮娱乐
489	孙双喜	29	一方集团	房地产、投资
608	李东军	24	锦联集团	物流、房地产、金融
608	刘德群	24	壹桥苗业	海洋渔业
664	黄作庆	22	天宝股份	农副产品、水产品
699	秦安昌	21	安达圣岛集团	房地产、机械制造
964	董达	15	沈宏集团	有色金属冶炼、能源
1041	范广臣	14	金广集团	建筑施工、房地产
1099	吴厚刚	13	獐子岛	食品
1151	李桂莲	12	大杨集团	服装
1210	孙才科	11	新型集团	房地产
1271	李宴清	10	宏孚集团	房地产
1271	谭永良	10	智云股份	自动化装备

城市的经济发展失去了延续性，如浮萍般飘摇而脆弱；而建国后的蛰伏，也并没有让大连在上世纪八九十年代强势反弹，反而让他一步步陷入"花瓶城市"的泥淖之中，工业增长乏力。

改革开放初期，即便在东北地区，大连也并不是特别出众的城市，在沈阳、长春和哈尔滨面前，他还只是个小弟，曾经的海港大鳄，如今要面临重新定位和"正名"。

其后，这个城市不断地提出自己的发展目标，出现最多的字眼是金融、商贸、旅游和会展、一度辉煌的工业不得不被被冷落一旁。在全球都在向第三产业看齐、实体经济向虚拟经济转型的二十世纪末，这既是现实的选择，也是功利的追求。

于是，在吸引更多服务经济、金融资本的战略下，大连这座城市，一边是外表变得越来越鲜亮，一边是实体越来越感到虚弱，一度甚至被认为是一座"养老都市"。

青岛：企业家的跳板

就在大连成为北方明珠的时候，青岛也正在经历自己的蜕变，政治文化势力盘踞于此，频频以各种新奇的洋玩意，开北方城市"先河"。不过，它依然也不过是一个10多万人的中小城市，在那时的大连面前只能是个小弟。

但就是这个黄海之滨的小弟，在半个世纪后，逐渐超越老大哥，并将前者越抛越远。

也许正是直率却保守的性格，青岛人没有寻求跳跃式的发展，期望一下子就从工业经济跳到资本经济，他们守着历史留给他们的工业企业的老摊子，不断求索出路，终于走出自己的路。

和大连负载各种虚名不同，提起青岛，人们首先想到的就是青岛啤酒、海尔集团、海信集团等著名企业，企业家是这个新兴城市的名片。青岛创造了我国唯一入选"世界最具影响力的100个品牌"的海尔，成为"中国名牌第一城"。如同美国的硅谷集聚着众多科技精英，青岛聚集大批企业界精英，其数量之多、名气之大、分布之集中、兴盛周期之长，一度引起社会的广泛关注，被专家们称为"青岛现象"。

不得不提到的是海尔集团创始人张瑞敏，就是从这个半岛走出的、走向中国，迎向世界的成功企业家的典范，80年代怒砸冰箱来励志的故事在10多年后不断被人作为企业管理经典案例提及。他的个人魅力自不必言说，但是他的这一举动，更透露出那个经济转型年代，青岛人的纠结与坚持。

现在看来，诸多的青岛品牌长盛不衰，已经可以证明，这里成为企业家的跳板绝不是一种偶然。

与此同时，工业的繁荣，自然催生了城市建设、市民消费，继而才是第三产业的繁荣。青岛还连续多年保持15%以上的增长速度，荣获全国"最具经济活力城市"和"企业家满意奖"等称号。

可以说，青岛这座城市的高速发展，是整个青岛的工业体系、乃至整个山东的工业制造业厚积薄发的结果。这种自然而然的过程，有可靠的经济逻辑做支撑，稳固而又良性，这是青岛和大连两座城市选择的完全不同的路径。

地域基因

城市竞争背后，往往是两地企业的竞争；而两地企业的胜负，则表现为两地企业家的成败。在大连和青岛的经济"肉搏战"中，大连企业家暂时处于下风。

有人曾经说过，地域对于企业家的成功往往没有企业家个人品质来得深远。对此，笔者不敢苟同。地域对于企业和企业家的重要性，我们可以以日本神户为例。90年代，神户是日本沟通南北的要道，一时间企业云集，工商业繁荣。但是其后的神户大地震摧毁了当地的工商业，在神户恢复的同时，一条替代的物流通道被发掘。而当神户工商业恢复重建之后，才发现自己已经被整个经济体系给绕开了。此后，神户当地的企业陷入了疲顿之中不能自拔。

所以，企业家不是生活在真空中，地域是他活动的舞台，舞台的塌陷就是他的末日。

现在看来，大连的舞台对于当地的企业家而言，远没有需求中的广阔。一方面，东北人张扬外露，好名胜过好实，盛名之下难

做踏实之事。同时，还有一个有趣的细节是，在大连这样一个城市，消费文化异常繁荣——据统计，虽然大连的人均可支配收入低于青岛，但是人均消费却高于青岛。这就是大连企业家面临的经济环境，选择工业还是商业，再清楚不过。工业的乏力，不可避免。

而齐鲁大地上的山东人，重实利不务虚名。传统上，山东以孔孟之乡自居，山东人正直却也屈服于权力，机敏却也保守。于是，改革开放之后，山东人背负着国有企业重担，艰难地挺了过来，却也是守得云开见天日。庞大的人才储备，使得山东人将一套旧玩意，在新的游戏规则中，玩出了新花样。当然，这也得益于国家对于国有企业态度的微妙转变，以及国有企业经营环境的改善。

富豪与城市

当我们把焦点对准这两个城市的富豪时，景象开始出现了些许变化。在2010胡润百富榜上，青岛和大连两地分别有8位和18位富豪上榜，大连占据绝对的优势。而在财富层级上，大连也优势尽显，大连首富徐明比青岛首富姜俊平多出了足足55亿。但是，对于大连和青岛两个城市而言，这份榜单并不令人兴奋，因为两地富豪略显落后的排名与两座明珠城市的地位并不那么相称。

当然，这完全可以理解。富豪的产生必须有强大的民营经济和完善的民营经济生存环境。在青岛这样一个外表时尚，骨子里保守的城市里，国有企业依然当道。海尔，海信，青岛这些企业，虽然在现代企业制度下，产权已经变得分散，但是国有企业的属性依然没有改变。从这些企业中产生知名富豪，是不可想象和不能接受的。

所以，从青岛的富豪榜单中，我们看到的是来自房地产、医药、服装甚至是蜡烛产业的富豪。那些掌控在政府和外资手中的工业企业，接受着来自政策的关怀，享受着来自金融的便利，镶嵌着来自宣传的赞誉，却也在给城市带来财富的同时也挤压了城市的创业热情。

相对青岛，大连的经济更有自由主义的气质。虽然有大连机车车辆厂、大连重工起重集团、大商集团这样的国有企业，但是他们似乎并没有形成限制民营企业的屏障。大连的富豪们能在金融、汽车、石油能源、工业机械这样的行业中产生。

纵观大连的财富榜单，在行业的一栏中，几乎囊括了衣食住行。不仅有传统的行业，更有软件这样的新兴行业。这样的行业分布，从一个角度反映了大连这样一个城市的年轻、宽松和多维。

经济舞台是多层次的，永远不是几个冷冰冰的数字能够表示。虽然在经济规模上，青岛优于大连，但是对于生活在其中的市民而言，其真实的生活感觉可能恰恰相反。

所以，现在不是下结论的时候，大连青岛，两颗半岛明珠，各有各的优势劣势，经济环境瞬息万变，双城之间的暗战远没有走到分出高下的时候。

2010 胡润百富榜青岛地区　　（资料来源：胡润百富榜）

排名	姓名	财富（亿元）	企业	行业
303	姜俊平	45	巴龙集团	服装、房地产、燃气
465	王若雄	30	天泰集团	房地产
543	袁仲雪	26	青岛软控	机械制造
640	张代理	23	红领集团	服装
902	梁福东家族	16	华仁世纪集团	医药、房地产
964	陈索斌	15	金王集团	蜡烛
1041	李金堂	14	欧美投资集团	综合
1041	于德翔	14	特锐德	配电设备

慈善成本，可忽略吗？

文 _ 陆晓旭　设计 _ 舒帆

慈善是国民的敏感神经，任何人都伤不起。红十字会事件引起的信任危机，使部分民众对慈善运作的方方面面产生了质疑，他们会问：为什么我捐了 100 元钱，而到受捐者手里就剩了 90 元，那失掉的 10 元，所谓的成本合理吗？

成本越低越好吗？

去年，中国诞生了"史上最苛刻的善款"。曹德旺父子要求中国扶贫基金会将 2 亿人民币，在半年内发放到近 10 万云南农户手中，且差错率不超过 1%，如果超过，基金会要给捐助人赔 30 倍。管理费还不得超过善款的 3%。这个苛刻的协议使得中国扶贫基金面临非常大的困难，虽然最终的结果是以很高的公信力和透明度来使用了这笔善款，但是如此苛刻条件的低成本慈善一定可取吗？

曹德旺此举的意义是扛起了捐款人要求问责的大旗，打造了全程透明的公益模式。但是，请独立的第三方来证明，也要请人去调查，这个成本是很高的。"透明"的成本很高，这是一个客观事实，如果不要第三方监督，可以省下一些费用，降低一点成本，但是，不付出这个监督成本，很可能付出更大、社会更不能忍受的成本。

所以，在舆论造势不很靠谱的今天，我们有必要对慈善成本问题有一个正确的认识。

慈善成本"消费"

公众一般能理解慈善机构也需要生存，生存需要花钱，但是却局限于生存层面，局限于慈善机构可以拿钱给工作人员发工资、购买行政办公设备，却忽略了慈善机构发展层面的内容，慈善成本的"消费"。

虽然慈善机构在整个慈善链条中被界定为中介方，上接捐赠方，下连受捐方，但是很显然，它并非一个简单的中转站。善款吞吐并非一个不需要任何成本的过程，尤其是在市场经济与捐赠市场对接时，慈善机构不可能不消耗成本，不可能纯粹得像一支水瓢，从捐赠资源那里舀水过来，然后丝毫不差地浇洒在受患者身上。

作为一个市场化、具备现代慈善意识的机构，有些环节，如打筹款广告、与信托机构合作、雇专业人士打理、委托市场采购运输捐赠物，聘请会计师、律师，甚至需委托调查公司、学术机构等等的这些费用显然是必要的。

捐硬件，已经成了中国过去二三十年慈善事业的一种惯性，但现在，很多民间慈善机构都把捐款用在了社会服务上，比如说培养志愿者，对社会问题进行调研，也就是说，他们是把捐款用到了很多看不见摸不着却又至关重要的地方。而若把捐款交给民间慈善机构，那就更需要一些成本来维护这些机构的运营。

成本合理，就可支出

中国慈善事业发展的一个文化障碍是，公众不认为做慈善需要专业人士，大家认为慈善组织的工作人员都应该牺牲，做慈善的怎么还要工资？其实全世界做慈善的，没有不领工资，没有不是职业性的。境外慈善公益组织不但一定要有专业人士领薪参与，收取管理费比例通常要远远高于国内机构。

在境外，大多没有严格意义上的“行政管理”费用，也没科学计算方法和固定的比例。但可以用全球普遍可接受的准则来处理这些费用，依照机构和项目实际的运行情况而定。管理费在总开支中所占的比例大小，也与一家机构的募款能力直接关系。对于规模较小的NGO而言，它们不能募集到太多款项，行政管理费的比例会相对较高。

成本比例虽重要，但在严格遵守各项法规的同时，清楚明白地向公众晒出账单支出，并取得捐款者的理解和支持更重要。慈善机构的命运系于公信力之上，而公信力又取决于所有环节的合理合法透明。慈善成本既然存在，且是生存发展所必须的，就必须向公众公开透明。

“零成本”可行吗？

一些大的基金会宣布零成本运作，决不提取一分钱的管理费用。更有像陈光标这样的企业家直接到灾区分钱，他们怕的就是捐款的“成本”太高，让自己的爱心打折。今天看来，这样的提法和做法，其实会把公众的认识导向了一个误区。

因为在做慈善时，成本有两方面：一方面是募捐时的募捐成本，另一方面，是公益项目运作时也会产生成本。只要成本在合理的限度内，难道不应当支持吗？即使是志愿者，即使不发工资，餐费和交通补助还是要支付的。所以成本是一定要发生的。

大的基金会为什么说零成本呢？因为本身他们有其他的资金来源支撑。所以零成本的提法，只是把公众的期待又提高了，对整个慈善生态环境的维护是不利的。公众必须要明白，当你捐钱的时候，有一部分钱得用于募捐成本，一部分钱用于公益事业的运作成本，这才是最负责任的说法，也有利于慈善的持续发展。

最近采用“零成本”模式的机构如梁树新的“微基金”，在其与贵州省青基会签订的合作协议中规定，青基会不得从“微基金”所募款项中提取任何管理费，其必需的运营费用全部由企业赞助和管理费专项募资解决，以保证公众捐款百分之百用于项目本身。所以我们看到，这种“零管理费”提法，只是管理费不再从捐款中按比例提取，而是将捐款全部用于项目执行，管理费则另行筹集。真正意义上的“零成本管理模式”根本不可能存在。而政府购买公益机构的服务，会将公益机构的成本压到3%以内，这么低的成本会让公益机构吃不消。以中国社会福利教育基金会为例，他们曾承接过1000万元的彩票公益金项目，结果基金会不仅没有提取任何管理费，反而“倒贴”几十万元的管理费用。

成本问题的中国式探索

作为国内第一家注册成立的非公募基金会，如今爱佑华夏慈善基金会成立已经七年了。成立初期的善款，鼎天资产管理有限公司董事长王兵和朋友一个个“化缘”筹集到的。最初和万通集团董事长冯仑谈成立基金会的事，冯仑还以为单纯搞投资呢，当得知是做慈善帮助一些人，就干脆的答应了。随着企业家们的鼎力支持，爱佑华夏资金规模也越来越大，而基金会的运作费用由部分理事另行出资支付。

怎样花钱，找合适的慈善项目，这成了一个最重要的问题。爱佑华夏慈善基金专门建立了项目部。以如今的“救治孤残儿童心脏病”的项目为例，五万元手术费用，爱佑华夏出两万元，剩下的交给医院、医保共同分担。把医院纳入体系，让他们和民营的基金会合作不容易，其制胜点就是信用（如打款速度快），这也是用商业理念来运作基金会的表现之一。另外还把救助某类病做成“产品”，可以复制这个模式，企业家各片包干，捐款人参与到这个平台中来。

对于如何解决高成本问题，国外慈善基金有“以善养善”的成功模式。以比尔·盖茨夫妇的基金会为例，他们掌管着世界最大的慈善基金会，有330亿的资金，有独立的信托公司，拿钱去做投资，投资的收益还给慈善。巴菲特没有买微软的股份，但是被盖茨基金会的模式吸引，将90%的钱捐到基金会里。所以，如果慈善做的好，会有更多的资源投入进来，成本也会降低。

中国有很多的资源、资金，以后更多慈善业人士要成为社会投资家，投资企业，收益再回到社会——做慈善、投资新的企业，形成良性循环。这样，慈善成本问题解决了，公信力也高了。中国在未来两三年，这方面的系统和条件会慢慢成熟起来。有好的商业化方案支撑基金运作，不但能解决成本难题，也会为探索中国特色的公益慈善模式，提供好的范本。

家族企业上空的“秃鹰”

谷歌对摩托罗拉移动的收购，从某种程度上反映出外来资本对家族企业的入侵。

文＿华融证券资产管理部总经理 高鹤 设计＿晓燕

最近，谷歌收购摩托罗拉移动，由于事关智能手机产业发展方向，整个事件广受关注，沸沸扬扬。事实上，在商业领域，此类并购事件算不上新鲜。根据普华永道的最新调查结果，今年上半年中国企业境外并购交易数量就有107宗，而同期外国企业和金融投资者在中国境内的并购交易数量则达到了302宗。这些并购中，不乏影响产业结构和行业内企业之间竞争格局的事件。

并购，就像结婚一样，世界各地每天都在发生着。当然，在整个商业洪流中，每一桩并购案可能都只是一朵小小的浪花，但对于当事人双方，却意义重大。结婚，会影响一个人一生的轨迹和生命体验，并购也如此。有的企业，有的行业，可能会因并购而走向更为成功，但也有的企业却可能因为一桩不成功的并购而从此没落，进而甚至有可能阻缓整个行业或产业的发展。

朱新礼的苦恼

在纷繁芜杂的并购事件中，值得关注的一类，是并购家族企业。通常一个家族企业被并购，人们习惯于认为是一个家族的没落。也正是基于这种观念，一些本应被并购的家族企业，甚至不惜逆市场、逆商业逻辑而行，拼命抵制着外来者的并购，直至自己财富被消耗至尽。但事实上，被并购就意味着家族没落，是一个极度错误的观念，也是家族企业需要走出的思维误区。

提起家族企业并购，在国内令人印象深刻的案例，当属2008年可口可乐并购汇源果汁但最终未果的故事了。2008年9月3日，汇源果汁和可口可乐同时发布公告，可口可乐公司全资附属公司Atlantic Industries拟以约179.2亿港元现金、每股作价12.2港元的价格收购汇源果汁全部股本。消息一出，立即引来人们关于出售动机、民族品牌、反垄断审查等诸多争论。最终，该并购因未能通过商务部反垄断审查而没有修成正果。

在这一事件中，关于汇源果汁创始人、最大股东朱新礼出售动机的猜想，以及朱新礼对该猜想的反驳，对于我们看待家族企业的并购颇富启发。尽管汇源果汁已在香港上市，但在公众和媒体眼里，汇源还是家族企业。一直以来，朱新礼都是汇源的顶梁柱，直接主导着汇源的成长发展。但随着年龄的增长，接班人问题也开始困扰着朱新礼。“当然，做企业的确很好玩，你40岁的时候感觉挺好，50岁的时候感觉还行，60岁的时候你还要做，难道你能做到100岁吗？”

在可口可乐打算并购汇源之前的四五年，朱新礼就开始和他的儿子、女儿谈接班问题了，“很遗憾，我的儿子当兵回来就是不愿干，他是特种兵，他有自己的兴趣爱好，我把他安排在企业，他不干。”而女儿，“她是一个妈妈，她有家庭，有她的丈夫，还有我也不忍心让她做，真的是因为我们从小受过这个苦难，承受力很大，但是对这些孩子们，这不是受苦，这是遭罪了。我不忍心看到我的孩子遭罪。”“我在内部也选了很久，交给外部也没有找到合适的人”。但经历16年的打拼，朱新礼也“想稍微休息一下，因为做汇源确确实实是辛苦，没有比它更辛苦的了。16年半了，创业的时候我一根白发没有，现在我头发基本上全白了……”正是基于朱新礼此前的这些言论，当可口可乐打算并购汇源的消息一经公布，很自然地，当时市场上便有人推测，接班人问题可能是朱新礼选择转让汇源的原因。当然，对于这一猜想，朱新礼当时的回应是汇源果汁用人内不避亲外不躲仇，汇源的管理团队是一个国际化的管理团队。

“秃鹰”的价值

无论朱新礼如何回应，就家族企业而言，一个不可回避，不得不面对的问题，就是接班人问题。家族企业的接班人问题，就是传统意义上的“子承父业”的问题了。

子承父业，首先面临的是子女不愿意承父业，其次即使是子女愿意，子女有没有能力承父业，驾驭父业还是一个问题；还有，父辈是否愿意把这份“业”传承给子辈……一系列的问题，使得家族企业一到面临新老交替时，一群“秃鹰”（通常比喻为金融圈中参与并购的基金）就盘旋在他们的上空，时刻准备着将其并购掉。

确实，“秃鹰”的形象，是乘人之危的形象。所以，被“秃鹰”吃掉了，通常的反应是自己没能走出危机，自己出了问题没能有效拯救自己。很自然地，引申到

本是家族企业的摩托罗拉在不断的并购中早已没有了家族的痕迹

家族企业，一旦某一家家族企业被并购了，人们通常会认为这个家族企业可能出了问题，比如缺乏接班人或没能实现顺利的交接班，给了“秃鹰”可乘之机，这也意味着这个家族可能无法再延续过去的辉煌，开始走向没落了。但这种下意识的反应里面，有一个关键的假定，就是视“子承父业”为合乎常理之道。

而事实上，对于一个家族而言，需要传承的恰恰不是产业或技能，而是整个家族已积累起来的巨额财富。把“子承父业”视为家族企业发展之当然，是本末倒置了，也是错误观念的错误实践。

张五常提出过一个“仓库理论”，认为投资的本义，是通过把财富放在适当的地方，以达到保值增值的目的，即投资是寻找财富保值和积累的仓库。这是深刻的洞见。这一关于投资的阐述，同样适用于家族企业。父辈通过创业打拼，构筑起一个企业王国，通过这个企业王国，家族的财富得于保存，并不断地增值和积累。但当父辈行将退出舞台时，下一辈是要固守这曾经为家族财富积累作出贡献的仓库呢，还是应该致力于传承和积累家族财富？在仓库理论的视角下，答案一目了然。

所以，家族企业传承的核心，不在于子承父业，而在于子承父财。业是财的载体，是财的仓库。为守业而耗财，是本末倒置。业，因人而异，父辈通过创办企业来储存和积累财富，子辈可以继续利用这个企业来传承和积累父辈所留下来的财富，但如果力所不及，或无志于此，或不屑于此，那么，下一辈放弃这个仓库，寻找更适合自己的仓库来传承和继续积累父辈所留下来的财富是明智之选。

存放、积累财富的载体仓库多种多样。金银珠宝、古董字画、土地房产、森林矿产、股权实业、人力资本等等，都可以是存放积累财富之所，当然，也可以通过创办新的企业来储放积累财富。而这些仓库适当与否，怎么来选择仓库，跟每个选择者的智慧、兴趣、视野有关。财富存放积累之所也会因时因地不同而有不同的优选。但无论如何，强求固守一业而失守财之根本，不可取。

因此，让我们感谢那些盘旋在家族企业上空的“秃鹰”们吧，他们是在再次见证市场逻辑的正确。

欧债危机未了局

欧债危机远未到结束的时候，如果西班牙和意大利的国债出现问题，后果不堪设想，欧元能否保住都是个问题。

文 _ 德意志银行大中华区首席经济学家 马骏　设计 _ 晓燕

在未来1-2年内，欧债问题的传导是全球金融体系和经济所面临的最大风险。在3-5个月以前，市场主要担心的还是希腊的国债违约，现在则更担心西班牙、意大利的问题。不论从GDP总量还是国债余额大小的角度来看，一旦西班牙和意大利出现债务违约风险，其问题远远要比希腊、葡萄牙大得多。希腊的GDP是欧元区GDP总量的2%，而意大利则是欧元区的第三大经济体，西班牙为欧元区第四大经济体，意大利和西班牙的GDP之和为3.6万亿美元，为希腊的十二倍。从国债余额来说，意大利的国债余额达约1.9万亿欧元，西班牙约7千亿欧元，两者之和大约是希腊的8倍之多。问题之严重，可想而知。

欧债危机的“自我实现”

前一段，许多人认为西班牙、意大利的财政情况的基本面（比如西班牙的国债占GDP的比重只有60%；意大利的财政赤字占GDP的比重只有3%）要明显好于希腊，因此违约的可能性很小。但是，只要市场上的部分投资者出现对西班牙、意大利债务可持续性的怀疑，就会推高其国债的信用违约交换价差（CDS spread）和国债利率，而利率一旦明显上升，这些国家的利息支出占GDP的比重就会大幅度上升，从而增加其财政困难和违约的风险。从这个意义上讲，债务危机是可以“自我实现”的。

此外，银行体系本身也会将危机放大：很多欧元区的国债是由本国银行持有的，国债贬值或者违约会让本国银行遭受损失，而这些银行本身又发行了很多债券，这些债券也会被市场认为有违约风险。而这些银行债券的本身又被很多其他银行持有。此时，银行体系就像是一个危机效应的放大器。在这一方面，意大利和西班牙的问题也比希腊和葡萄牙严重得多。比如，希腊政府和希腊的银行所发行的债券余额中大概有630亿欧元被银行体系持有，葡萄牙是750亿欧元，而意大利和西班牙分别是4100亿欧元和3250亿欧元。

救助计划治标不治本

目前，由欧洲央行出面在二级市场上购买西班牙和意大利的国债，勉强压制住了市场利率，但这只是权宜之计，最终还需要欧洲金融稳定机制（EFSF）来接手。

如果今年9月底之前17个欧元区国家的国会一致同意的话，那么EFSF将升级为EFSF2.0版本。但能否过17国批准的关口，本身就有不确定性。北欧的一些富裕国家对此有比较大的抵触情绪。这就给金融市场留下了一个很大的悬疑。

另外，这个新版本究竟有多少"子弹"？根据德意志银行分析师的计算，EFSF2.0加上国际货币基金组织的配套额度等其他救助机制，总共能提供大约7500亿欧元的资金援助；假设EFSF要救助希腊（已经出手）、葡萄牙、比利时、西班牙和意大利，那么总共需要11800亿欧元的资金，缺口大约4200亿欧元，这个缺口恰好大致相当于意大利所需要的4880亿欧元的援助额。换句话说，即使EFSF成功升级，也只能救西班牙，救不了意大利。

更大的问题是，目前欧洲央行、欧洲金融稳定机制、IMF所能做的只是解决危机国家的流动性问题，但无法难以其在目前欧元体系内（欧元汇率过强的环境下）竞争力低、经济增长和财政收入持续低迷的根本性困难。而如果经济持续低迷，财政紧缩的政策即使由政府和国会承诺，也很可能在实际操作中无法行得通。在经济萎缩的情况下还要被迫加税和削减福利只会导致更多的政治动荡，和不断地变更政府。

在欧债危机的冲击下，法国总统萨科奇和德国总理默克尔还能保住欧元的地位吗？

中国经济受何影响？

德意志银行的经济学家最近下调了对欧洲的经济预测。明年欧洲的GDP增长预测从原来的1.5%下调到0.8%，美国的GDP增长速度虽然还没有明显下调，但肯定面临下行风险。我们将中国2011年的GDP增长预测从原先的9.1%下调到8.9%，并将2012年GDP增长预测从原来的8.6%下调到8.3%。明年的出口增长预测从原先的15%下调到11%。

同时，我们将2012年CPI同比增长的预测值从3.5%下调到2.8%，这主要是考虑到大宗商品价格下降的影响。在基准利率方面，我们维持之前的预测不变，即一年期定期存款的基准利率将一直维持在3.5%，因为我们认为如果欧美经济只是有所减速（而非衰退）的话，国内货币政策明显转向宽松的可能性并不大。

但是，如果欧美经济确实陷入衰退，中国经济可能面临更大风险。我们估计中国出口会下降15%，GDP增长率会降低到7%，而这些预测已经考虑到了新一轮刺激政策的效果。

欧美经济的减速或衰退对中国的影响最主要通过贸易、大宗商品价格和投资信心三个渠道。贸易渠道的冲击是，欧美经济增长每下跌1个百分点，中国出口增长就要下跌6个百分点。欧美经济影响中国的另外一个渠道就是大宗商品市场。和欧美经济相比，中国经济中的工业，尤其是重工业的比重较大，因此大宗商品价格的变化对中国工业的销售收入和盈利水平有比较大的影响。大宗商品价格的下跌会直接冲击中国能源和原材料企业的利润、生产和投资。

关于投资信心渠道，主要是全球股市和大宗商品价格下跌，会增加经济下行的预期，打击国内投资者信心。这点在出口制造业和地产业的影响尤其明显。2008年下半年的金融危机中，中国企业家预期指数曾一度从130大幅下降到80。

是否需要新一轮的刺激政策？

显然，如果欧美经济确实再度陷入衰退（二次探底），很自然的一个问题就是，中国会推出新的刺激政策吗？这些政策应该达到什么增长目标？

如果欧美二次探底，中国将不得不采取一定的刺激政策。但即使下一轮欧美经济衰退与08-09年一样严重，中国新一轮的刺激政策在规模上不应该也不太可能超过上一轮的一半。上一轮刺激政策规模实际上远远不止四万亿，如果我们将各种财政措施和后继的贷款扩张算在一起，上一轮总的刺激规模估计达到九万亿。回过头来看，这样大的刺激规模虽然在短期内快速推高了经济增长速度，但也导致了通胀、资产泡沫、融资平台不良资产等许多中长期问题。下一轮刺激政策的设计一定要避免这些问题的重现。

中国新一轮的刺激政策在内容上不应该也不可能与上一轮类同。上一轮的刺激政策中"铁、公、基"占到很大比重，铁路等行业投资过猛到目前为止已经导致了不良资产、安全问题、产能过剩等很多后遗症。另一方面，上一轮刺激政策已经将许多规划中的项目都提前启动，剩下来的项目中有良好效益的项目就比较有限了。因此，新一轮的刺激政策不能再以投资基础设施为主，而应该以推动消费为主线，同时适当支持中小企业、保障房、服务和农业等结构性薄弱环节。

互联网诸侯谁主沉浮?

中国的互联网正在经历第三波浪潮，未来互联网领域的格局怎样?会是赢家通吃吗?这关乎众多创业者的命运。

文 _ 李晓明 设计 _ 舒帆

前一阶段中国互联网企业的赴美上市潮，以及最近谷歌对摩托罗拉的并购，让人看到互联网行业再次迸发出的巨大活力。年轻的创业者们该如何抓住其中的机会，认清行业的趋势很重要。

从集团化向平台化

中国的互联网经历了三波浪潮，第一波大潮是三大门户（新浪、搜狐、网易）、携程等上市，第二波大潮是腾讯、百度、盛大和阿里系上市，第三波大潮是现在的人人、360、优酷、当当等奔赴纳斯达克。从这三波浪潮来说，基本上都是创业者先嗅到大洋对岸的先机，师从美国的同类公司，并充分结合中国特殊的国情和文化，从而蓬勃发展。

在发展过程中，后起的公司在上升阶段，都基本没有能够从先发展起来的公司身上进行借力，而是自己扎根于市场，甚至不时和先期的成功者激烈碰撞。而且随着每一个领域列强的圈占，尤其是先期成功的公司开始进入撒网式的圈地，比如腾讯，从电子商务、第三方支付、搜索，到实名SNS、微博、手机通信录、微信、安全、输入法等领域；百度进入视频、输入法、线上旅游等领域，可以说，很难在哪一个热点，某一个领域，你见不到腾讯、百度或阿里的影子。以至于创业者不得不问自己：我如何才能避开腾讯，或者百度，或者阿里。

有人惊叹，中国的互联网创业已经进入最糟糕的时代，在这个时代里，列强林立，弱肉强食。列强们甚至仅仅为了制约新秀的发展，就模仿新秀的产品，同时在流量上、在价格、在市场上等挤压新创业者。

但Facebook和苹果的快速崛起效应以及一场突如其来的3Q大战，极大的改变了中国互联网的生态。

Facebook依托自有的SNS社交关系网络，将自己打造成大平台，和合作伙伴分享自己的海量用户，快速培养了像Zynga这样的专业公司，并通过这些合作伙伴来获利。苹果通过自己的App store，由自由开发者们上传软件，苹果公司代售并三七分成，从财报数据上看，苹果在Aapp store上获利丝毫不弱于苹果硬件获利，依据今年4月的财务数据，苹果在App store上的获利已经超过ipad上的获利。Facebook和App store都证明了，开放能够赚钱，而且能够赚大钱。

正因为Facebook和苹果开发平台的巨大效应，让中国的互联网公司敏锐的感觉到：互联网的发展已经从公司“集团化”式的“多点布局”向“平台化”式发展演进。

在Facebook和苹果的样板效应下，平台化公司开始在市场影响力和华尔街市值预估中全面超越集团化公司。仅以新浪和搜狐比较为例，搜狐固然有张朝阳费尽心思打造的搜狐矩阵（含：搜狐网、搜狐网游（天龙八部）、GoodFeel、搜狗搜索、搜狗输入法、焦点房地产、ChinaRen、17173、Go2ma、搜狐视频等），而新浪却只有新浪网和新浪微博，但新浪微博是一个开放式平台，虽然今天新浪微博还没有真正赚到一分钱，但新浪微博能足够开放，并引入普通开发者的海量应用加盟，在市场影响力上已经完全压倒搜狐，在华尔街上新浪股价是视搜狐的2.5倍。

再看腾讯。在3Q大战之前，腾讯执行尾随战略，左邻田里种西瓜，他也把自己田里面划一块出来种西瓜，右舍家里搞杂交水稻，他也划一块地出来搞杂交水稻。别人做什么，他也做什么，反正家里田多得数不清。但3Q一战，惊醒腾讯，腾讯放眼海外Facebook和苹果的发展，醍醐灌顶，突然明白，自己跟着种地养猪累得半死，还不如直接把田地给出租了，来一个三七、四六、甚至五五开，何乐不为？所以腾讯痛定思痛后推出自己的Q+，在腾讯朋友、微博等多个领域全开放，欢迎游戏提供商和内容提供商进驻。也就是说，将来腾讯在游戏领域和内容领域，将适当收紧自己的嫡系军团，改由盟军来冲锋陷阵。同样，中国互联网第二豪强百度推出百度“框计算”也是开放平台的一个举措，第三波新秀人人和360也在不遗余力地推自有的平台。

谁受益谁遭殃？

互联网从集团化向平台化方向发展，谁的平台最后真正获得认可，成为第一平台，谁就是最大受益者。腾讯、百度、新浪、阿里、人人、360、开心、盛大等都在推动自己的平台化战略，除了阿里主要集中于电子商务外，其他几个公司都是密集围绕互联网上人和人关系的社交网络。互联网有一个特点：只有第一没有第二。腾讯、百度、新浪、人人、360、开心、盛大中，毫无疑问腾讯是最大一方，掌握5亿网民，手中也握有多个平台，所以腾讯推进平台战略的过程中，最大的敌人是自己。腾讯是真开放还是假开放，腾讯对合作伙伴的态度、腾讯多个平台之间关系的梳理、和合作伙伴分成比例等等是关键性问题。如果腾讯能够理顺自己多个平台之间的关系并形成合力，将“中国最大的平台化公司”这个称号纳入囊中毫不意外。互联网第一名吃撑，第二名勉强果腹，而第三名及以后都只能亏钱从而成为前两名争食的猎物。其他列强中新浪、百度、360都有自己超强的一面。第二名的竞争远比第一名要激烈。

几个列强中最遭殃的当属盛大，盛大很早就想运营网游平台，也有很强的运营经验和能力，但网游的几个特点成为盛大的噩梦：一是每一款网游都有一个生命周期，一般4~5年后参与人群将大幅下降，而新网游很难全面地继承前一个网游的用户群；而QQ则适用于所有年龄层，每一个人的主要QQ号其生命周期近乎等于这个人的生命周期。二是游戏中玩家的关系远低于QQ在现实人群中的紧密联系。三是游戏涵盖的人员也只能是一部分网民，而QQ近乎覆盖所有中国网民。所以游戏领域的竞争程度异常激烈，Facebook上最大的收益源于游戏，苹果Appstore上最丰富的也是游戏。

中国互联网公司平台化战略推行之后，第一批登录开放平台的将主要是小公司或者工作组团队开发一些游戏，这些游戏都将利用平台优势，吸纳游戏玩家。游戏玩家的游戏时间是有上限的，所以腾讯等公司的平台化战略将直接摧毁现在盛大的游戏市场地位。实际上在腾讯自己没有开放时候，腾讯就已经借助QQ的粘性把自己做成了网游市场的老大。腾讯开放之后，盛大不仅仅要面对腾讯自营游戏的竞争，还有面临各色小公司利用腾讯平台和自己竞争，这些小公司通过五五分成的巨大成本向腾讯租用QQ的粘性。对盛大而言，等于一个大狮子（腾讯）已经把自己打到老二（甚至老三）的位置，现在这个狮子还要加上一群豺狼，这对于主要依赖网游实现收益的盛大、网易、搜狐、完美世界、金山不亚于是一场浩劫。

苹果公司因采用平台化战略而快速崛正在彻底改变互联网的生态圈

MORE THAN BEING MASCULINE

不仅仅是因为 MAN

企业家的生命体验

文 _ 一杭　设计 _ 舒帆

冒险精神本就是企业家的一个生命特征，即使是卖一碗炒米粉，老板也得承担没生意甚至破产的风险。对这种风险有预期，却还要去干，这就是企业家不同于其他职业的冒险精神之所在。浙江的王均瑶当年看中民用航空，投资成立吉祥航空，敢为天下先，是企业家冒险精神的一个典型。

冒险精神并不是始终同样、同量地、持之以恒地存在于每一个企业家身上。有的企业家或许只能承受得了一碗米粉的风险，有的企业家却敢赌上全部身家，输了重头再来，如史玉柱。也有企业家在创业期有着足够的冒险精神，到成长发展保持期，却变得谨小慎微，裹足不前。

企业家用生命“冒险”

对于将要接班的企业家二代来说，冒险精神会比前辈弱化。一方面，在父辈打拼之后，衔着银勺出世的“富二代”，锦衣玉食少了“生命的野性”。“千金之子，坐不垂堂”，成了一部分贾宝玉式小开少爷的起居准则。另一方面，近二十年来，从日韩港台吹来的雌化风，在郭敬明之流的影响下，导致中国伪娘文化盛行，所影响的也包括部分民企二代。

真正的企业家，他们的企业创业发展体验，是他们生命追求的一种形式。在企业为自己和社会创造财富的同时，他们更在意的是那种生命本质力量的外化过程。其中更有些企业家，他们对这种过程享受，还会扩展到整个人生。企业经营的冒险精神，延展到人生过程的探险活动，在生命历险中更强烈地感受到安居落差，在挑战极限中，他们强化了自己的人生存在。

中国文化并不鼓励用探险冒险对生命力进行证明。虽然也有“不入虎穴，焉得虎子”之类的说法，但那只是一种为达目的不惜牺牲的功利主义精神，并不意味着勇敢的生命体验，而“父母在，不远游”，“千金之子，坐不垂堂”，是标准的行为规范。所以中国人千百年来，给世人的印象就是谨小慎微，亦步亦趋，唯唯诺诺的。这种形象的改变，只是近三十年来的事，所谓中国崛起，包括了中国人形象的崛起。在中国企业家群里，也出现了一批具有探险精神的，用挑战极限来证明自己人生价值与生命存在的人。

不过，说到企业家的探险精神，我们还得从欧美说起。

世界级大佬爱冒险

维珍集团，是英国最大的私人企业之一，老板理查德·布兰森，是世界公认的传奇人物。

这个年过花甲的“老顽童”一头金色的长发、大胡子、休闲装、背着运动包满世界跑。冒险是布兰森生平的最大爱好，他曾驾驶一辆水陆两栖跑车，成功打破了横渡英吉利海峡的世界纪录。他不仅两次驾驶摩托艇横渡大西洋，也是世界上第一个乘坐热气球横跨太平洋的人。他还曾带领维珍航空的员工，驾驶波音747飞机前往战火中的巴格达，解救身陷那里的英国人质。

有次他从拉斯维加斯一幢高楼的40层楼往下跳，十分惊险，狼狈不堪。如果布兰森真有九条命，那他现在至少是在活第四条或第五条了。他的维珍银河公司打算在2012年用民用太空船把游客送上地球亚轨道空间，以实现人类太空旅行的梦想。

布兰森的探险和冒险成为了企业的品牌资产。维珍不止是一个品牌的名字，它更意味着一种生活态度：自由自在的生活方式，叛逆、开放、崇尚自由以及极度珍贵的浪漫。布兰森或许是把企业经营、生命探险高度融合的第一人。

美国鼎鼎大名的“冒险富翁”史蒂夫·福塞特，和传奇的布兰森一样，也流淌着冒险的热血。他最早在中国出名，是因为热气球。他曾驾驶着自己的“独立精神号”，一次又一次尝试环球飞行，结果直到2002年7月，第七次冒险时，才终于成功。他用15天时间，掠过了澳大利亚、南美、太平洋、印度洋和大西洋，行程达两万多公里，创造了世界热气球飞行的最长时间纪录，他也因此成为独自完成热气球不间断环球飞行的第一人。

“老实说，我冒险是为了取得成就的满足感。要是我能做一些超越别人的事，我便感到很满足。”福塞特如是说。这位身家亿万的投资公司总裁至今还保持着22项吉尼斯世界纪录。

和布兰森及福塞特把极限运动作为人生享受相比，甲骨文CEO拉里·埃里森的探险活动，更具有品牌昭示作用。2010年埃里森率领他的团队夺得美帆赛冠军。他这样解释自己为什么热爱帆船运动，“这是一项集体运动，获胜代表着集体努力的结果，就好像一个公司一样，不过在商业社会打拼比与海洋上的风浪搏斗更刺激。”

而对于空中飞行，埃里森也有多座飞机专门用于探险。

征服的不仅是山的高度

中国最著名的企业探险家，无疑是中国最大的房地产上市公司董事长王石。1999年，曾被预言要坐轮椅度过余生的王石开始了登山之旅。王石说，“很多人以为我是为了健康而选择登山，其实不是，登山也只是我选择的另一种生活状态。”登山让他“换一个角度看世界”，对生命、人的生存状态有了更深的思考。

王石面临过很多次生死考验。曾经有一次他一个人进山时，保护绳被飞石打断，无气无水，在风雨中走了两个多小时回到大本营。从2002年开始，他先后完成了攀登世界七大洲最高峰和穿越北极和南极的探险。2003年成功登顶珠穆朗玛峰，至今保持着国内登顶珠峰的最年

真正的企业家，他们的企业创业发展体验，是他们生命追求的一种形式。在企业为自己和社会创造财富的同时，他们更在意的是那种生命本质力量的外化过程。其中更有些企业家，他们对这种过程享受，还会扩展到整个人生。

长纪录。他是成功登顶七大洲最高峰的四个华人之一。2007年王石又登上瑞士的最高峰杜富尔峰。

除了登山，他还玩滑翔伞、驾驶帆船，每一项喜欢的运动他都会接受专业的训练，像认真工作一样认真玩，要玩就要玩出个名堂。他说："每个人心中都有一座山峰，人的一生就是一个攀登的过程。"王石未来的计划是全球航海旅行。

而王石更值得称道的是，他在全球探险同时表现出的舍得、放下、洒脱的人生态度。作为上市公司万科的董事长，王石的年薪并不算很高。他的好朋友冯仑曾透露，王石为了一笔答应了的个人捐款，不得不向别人借钱。王石的烦心事也够多的，今年以来，公司已有四分之一的高管离职，包括集团常务副总裁。但这些都不会影响他选择的人生方式。

中坤投资集团董事长黄怒波曾是诗人，笔名骆英。当身高一米九的他，"一团和气"地出现在你面前，可以感受到他那鲜衣怒马式的雄心和魄力。因其追求变化，在事业蒸蒸日上的时候，选择离开官场。1995年创办中坤，并最终使这家默默无闻的小企业，成为福布斯榜上的巨型企业。他还是一位慈善大家，2009年，以3.03亿元捐赠位列2009胡润慈善榜第9位。对金钱的超脱，是企业探险家的共同特征。

黄怒波从2005年起，至今已经完成了"7+2+1"（登顶七大洲最高峰，徒步到达南北极，从珠穆朗玛峰南坡北坡都登顶）的壮举。并在登顶世界第六高峰：卓奥友峰（海拔8201米）时，在顶峰朗诵了自己的诗作《卓奥友颂》，成为世界上在海拔最高的地方朗诵诗歌的人。

"登山到最后是精神上的享受，这种享受不是所有人都能体验的。大自然的灵气影响着你、教育着你。这是登山最大的收获。"黄怒波说。

同样爱好登山的，还有搜狐老板张朝阳。他登顶过四川四姑娘山雪山大峰和云南哈巴雪山，以及青海省中部的玉珠峰，唐古拉山脉中段的唐拉昂曲峰，在珠穆朗玛峰，他登上了海拔6666米的高度。

挑战的不仅是海的广度

企业家爱冒险，不光登山，还有下海。汪潮涌和罗昭行，以航海方式和国际接轨。

有"风投教父"美誉的汪潮涌，喜欢玩帆船，他同法国的"挑战者号"船队合资成立了"中国之队"，并于同年参加了在西班牙巴伦西亚的比赛。他希望与更多人共同分享帆船运动中所承载的自由梦想。

彩票大王罗昭行，是深圳市易讯网络有限公司董事长，他从法国博纳多船厂定制了12米长的双体帆船，命名为"骑士号"，并一路同伙伴将风帆从法国开回深圳，历时6个月、跨越欧非亚7个海区、途经26个国家和地区的远航，航线长达1.5万海里。

精神的追求

在企业外，企业家还有另一种情怀，他们往往不满足于企业的物质追求，更多的是有超物质的精神追求。

1995年春天，创办好利来三年之后，罗红开始了他的西部摄影之旅。10年来，他跋涉9万多公里，走遍了中国西部所有的省份，并多次进入新疆、西藏等地的无人区域。为了阐释关于环保的理念，十多年间罗红以他特有的方式，几乎跑遍世界各地，摄影作品多次获得国际大奖。

在行走非洲的很多年里，罗红深刻感受到了自然界的美丽，同时也渐渐了解到，这样美丽的自然正遭受着破坏。作为一位企业家，他觉得应该为环保事业尽一份责任和做一些实质性的贡献。由于对自然、对非洲大陆的热爱，罗红开始积极、坚定地投身于环保事业。

他目的很单纯：希望通过拍摄非洲自然风光与野生动物的照片，向全世界宣传，中国人、中国企业、中国企业家爱护大自然、保护地球的坚定信念。并以个人名义在联合国创立"罗红环保基金"，成为首个在联合国创办个人基金和举办摄影展的中国人，被联合国正式授予"气候英雄"称号。

罗红通过他的环保基金，每年支持和承办中国儿童环保绘画大赛，因为他认为，在青少年中普及环保意识，是投资未来。

理性、率性的选择

浙江无限新能源股份有限公司（TMC西子仪表科技有限公司）董事长徐国红，喜欢极限运动，比如说赛车、攀岩、潜

水等等。而据他自己透露，最初他是反对国外那种年轻人做那些冒险、极限运动的，认为那是拿生命开玩笑。2007 年，在他开始思索，企业发展到一定规模后，该往哪走，最为迷茫的时候。为了调整自己的心态，徐国红决定“离家出走”。三亚行（西子全国经销商大会）后去了上海 F1 赛场，F1 赛道上的关注、刺激，速度极限的感觉，让他找到了新的自我。

如果说王石等人的探险精神是一种率性，那么徐国红则是一种理性追求：有意探险以填满企业发展到一定规模之后的精神空白。

北京今典投资集团有限公司联席董事长王秋杨，创立了中国目前最大的面向藏区的慈善基金会“苹果基金会”。她是第一位到达“地球三极”（地球三个坐标：南极点、北极点、珠穆朗玛峰）的华人女性，首位完成“7+2”探险活动的中国女性（登顶世界七大洲最高峰及徒步南、北极极点），国家级登山运动健将。她喜欢将城市的一切远远抛在身后，驾驶着越野车行走在壮美的高原或荒凉的沙漠，让辽阔感成为更真切的感受。她的骨子里就有一种叫冒险的东西，不在乎从哪里出发，到哪里结束，只喜欢这个过程。

同样的探险冒险，有的功利性强，有的是企业经营之余做探险，作为一种生命的交错体验。而有的企业家，做企业只是生命的业余活动，骨子里的生命存在形式，就是在旅行、探险与征服的过程中。当然，这里得有一个前提，就是或者他（她）做企业的能力特别强；或者，他（她）有一个很好的事业伴侣，如王秋扬有老公王宝全。

与世界零距离

文＿陆晓旭

在北京、上海、广州等地，越来越多家庭把目光投向国际学校。比起报读私立学校，把子女送到国际学校的家长对孩子的教育和前途有着更高的要求、更务实的考虑。国际学校的教学优势非常诱人——与国际接轨的课程、一流设施、全球化视野、出国前的预科学习等等，如此条件下培养出来的人才，正应了林语堂的话："两脚踏中西文化，一心评宇宙文章"。

学校优势

对于企业家来说，若将成功传给下一代，孩子所受的教育和成长经历非常关键。父母忙事业，孩子若很小就出国，缺少了直接的沟通、教育，对他们的成长并不一定有利，于是国内的国际学校便成了这些家长的首选。而子女长大后，再计划送去国外读书，国际学校又成了和国外大学接轨的最佳通道，因此在国际学校逐渐市场化的今天，其不可替代的优势不言而喻。

在众多学校中国际学校可说是凤毛麟角，即便如此，家长择校时，学校的声誉对其仍有着巨大吸引力。上海最大的国际学校——SAS（美国学校），可是说是个中翘楚了。SAS 原为在沪外籍人士子女上学开设，近年来，父母任意一方持绿卡的海归子女的比例迅猛增加。而内地的一些学生，在限定的名额内，可提供相应的资料和交纳入学资格考察费用来申请，学校通过考试来考察是否合格。因为没有特别注明具体的名额，所以越多的人报名对学校来说越有利，这也是国际学校市场化的体现之一。

SAS 的教学优势十分诱人，先进的楼宇自控系统；近 400 位老师来自 16 个国家；丰富的社区活动；各种多媒体实验室、艺术教室、健身房、运动场一应俱全。高中部设有 AP（美国大学预修）课程、IB（国际文凭组织）课程，并经 WASC（美国西部院校联盟）认证，每年都有校友在美国汇聚。

在国际学校读高中课程，实际上就是提前择校，为去欧美等大学铺路。在国内的过渡，不仅能扫清了语言障碍，还对国外课程设置、教学方式方法、文化等有一个了解。以IB课程为例，它被美国、欧洲、加拿大等世界名校广泛认可，特别是那些明确要去国外念大学，暂时又没想好去什么国家的，多数会选择到国际学校读IB课程。而IB教育的核心是一种思维能力的培养，培养年轻人的独立能力、创造力和解决问题的能力，帮他们树立正确的价值观，进个好大学，实际只是读IB的附属价值而已。

国际部 & 民办学校

自1993年上海中学成立国际部以来，陆续有本地学校也开始设立国际部。以上海中学国际部为例，它的招生人数从1993年仅60名，迅速在2004年攀升到1000名，而2011年已达2800名学生。1995年，亦加入了IB国际文凭组织，

有媒体报道称中国60%的富豪正考虑投资移民或已完成移民，其子女若想提前适应西方的高中教育氛围，选择国际学校也是必然选择。目前，各学校的国际部基本都设有该课程。像华师大二附中、进才中学、上外附中、复旦附中这些学校的国际部，他们共同的特点是：教育资源丰富、声誉好、而且还有寄宿条件，结合国际课程，全英语教学，中西文化兼具。

上海的一些私立学校也具有国际学校的性质。比较知名的如尚德实验学校和平和双语学校，前者是由尚德教育发展投资有限公司办的寄宿制学校，后者是由董事会授权，独立经济核算，有独立法人资格的寄宿制学校。

作为大热门的IBDP（大学预科项目）项目，因为国内学生的名额少，所以竞争更趋白热化。而在广东碧桂园这样的民办学校，修完DP，获得文凭后优秀者可直接申请牛津、哈佛、剑桥等世界名校。特别是它的A LEVEL预科是从11年级起始，主要录取校内10年级IGCSE（英国剑桥大学国际考试中心的国际中学会考证书课程）的优秀毕业生，同时也面向社会招收11年级以上学生。由此能看出其不俗的竞争力。

竞争激烈

国际学校的上级部门和兄弟学校颇多，一些美国导向的学校获得了美国西部学校和学院协会的认可，他们具有相当专业的运作基础。这些国际学校或国际部互为竞争对手，每所学校的课程都有不同的特色与差异。

上海耀中国际学校的理念是融合东、西文化精髓，通过双校长制及双老师合作教学模式为学生提供一个真正的双语学习环境。为学生提供两套课程的学习：IGCSE及IB课程。

复旦附中国际部，学费低廉是吸引力之一，今年他们有15个内地学生的名额，随时考试随时上课，平均教师和学生的比例为1:3.8，并采取国际学校惯有的走班制。

上海平和双语学校，其优势为CTC项目和IBDP项目教育资源和教育理念共享。CTC即加拿大加安国际学院，在各地被称为中加班。相比较IB中考录取的市重点分数线，CTC要低一些。

广州碧桂园学校，作为最年轻的项目IFY（国际预科年）是NCC（英国国家计算教育中心）开发出来最具特色的大学预科课程，学生可报读任意一所英国大学，以及世界多地签协议的大学，这个对成绩的要求就略高一些了。

学费比较

国际学校根据主管部要求，在允许的范围自行收费，其费用一般是本地学校的50倍，并随着学生年级的升高，学费也会跟着越高。

以下仅列了学费一项（以上海地区为例），国际学校的费用最高，而本地学校国际部和私立中学费用则偏低。当然这些还不包括各种报名费、保证金、代办费（少则千元多则100,000元以上不等），这些附加费用，在择校时也不得不考虑在内。

2011 - 2012 TUITION（FOR ONE YEAR） 2011——2012学费（一年计）

	上海美国学校	上海耀中国际（每年级细分）	上海中学国际部	上海复旦附中国际部	上海平和双语学校
01—05年级（小学）	172,874元	约190,000元	77,600元		
06—08年级（初中）	176,863元	约200,000元	81,600元		
09—12年级（高中）	184,772元	约220,000元	85,600元	76,000元	70,000元
					含10,000代办费，2011年秋季将上浮

而北京地区的国际学校，除了高中IBDP也很热门外，幼儿园阶段的国际学校遍地开花。以1993年建校的北京青苗国际双语学校BIBS为例，学费、报名费、赞助费、校车费全加起来至少在100,000元—150,000元左右。

《乔布斯传 神一样的传奇》

作 者：王咏刚 周虹

出版社：上海财经大学出版社

出版年：2011 年 8 月

定 价：39.80 元

苹果之前的电脑长什么样

不知道有多少人还记得，2010 年 1 月，乔帮主在旧金山芳草地艺术中心掏出 iPad 给全世界看的时候，大家的反应是怎样的？如果用一个词儿来概括 iPad 相对于此前所有电脑的革命之处，你最想用哪个词儿？惊艳？叛逆？眩目？颠覆？科幻？闪亮登场？震撼问世？还是，让所有电脑前辈变古董？

iPad 平板电脑只用一块薄薄的玻璃屏，就囊括了传统电脑上的键盘、显示器、主机等几大部件的功能，还附送神奇的多点触摸体验。只要想想在 iPad 上“打僵尸”和“切水果”的爽劲儿，没人会否认，iPad 是个人电脑一次翻天覆地的革命。特别是对用惯了鼠标键盘的现代人来说，用手指去操作计算机，真是一件超科幻的事儿。

可如果我说，这样的革命对苹果公司的乔帮主来说，简直是有点儿司空见惯，苹果成立时的看家产品 Apple I 和 Apple II，在革命程度上就远超 iPad——你会不会对这样的说法表示怀疑？

也难怪，看看 iPad 的样子，再看看 1976 年乔布斯搁在字节商店（Byte Shop）里当配件销售的 Apple I，一个像施华洛世奇的工艺品，另一个像不土不要钱的山寨货。这两个东东，在他们所处的时代，哪一个更具有革命意义呢？

其实，要想知道 Apple I 在它那个时代有多革命，只要看一看苹果之前的个人电脑长什么样就行了。

许多人说 Apple I 是世界上第一台个人电脑，这说法并不靠谱。Apple I 之前，从 1971 年开始，已经陆续有不少电脑做到只有一只旅行箱大小，可以放在家里或办公室里供个人使用了。细数起来，在苹果出现前的早期个人电脑里，最早受到当时的电脑迷追捧的，还要算是 MITS 公司 1975 年初推出的 Altair 8800。

Altair 8800 外表是只漂亮的铁箱子，前面板有几排整齐的红色指示灯和金属开关。熟悉 Windows 操作的现代人一定会好奇地问：这铁箱子怎么用呀？有操作手册没有？

千万别提操作手册，在 Altair 8800 面前，一提操作手册，估计很多人会当场晕倒。那是一本100页不到的小册子，其貌不扬，里面满纸都是二进制之类的技术术语，几乎就是一本计算机系学生必读的《计算机原理》教程。对普通用户而言，简直就是天书。

为什么1975年的用户在使用个人电脑前非要读这么一大通天书呢？道理很简单，不懂得二进制和机器语言，面前这台 Altair 8800 就是一堆废铁。

刚买来的 Altair 8800 既没有键盘也没有显示器，程序的输入输出全要靠前面板上的开关和指示灯来实现。前面板中央每个开关代表一个二进制位，拨到上面是1，拨到下面是0。输入程序其实就是用手连续拨动开关。一段最简单的算数程序，就要拨动几十次开关。要是做个复杂的统计计算，几百次的开关拨动是必须的。程序运行后，前面板最上面的8个红色指示灯就会显示运行结果——当然，那也是一个二进制数字。

天哪，一定有人瞪圆了眼睛。这么个用电脑的方法，岂不要累死个人！这不是计算机，这整个是台弹指神通练习器呀！

想简单些？也可以，不过，你要再破费破费，给 Altair 8800 配上纸带阅读器、磁带机、电传打字机之类的家伙什儿。就拿当时最时髦的电传打字机来说，你可以用它的键盘输入程序，然后把运行结果直接打印到纸上。不过，这些便利的代价是：当时一台 Altair 8800 的售价大概在600美元上下，而一台电传打字机的售价却在1500美元左右！

知道了"史前"的个人电脑有多简陋，大家就不难理解 Apple I 的伟大之处了。其实，个人电脑历史上的每一次革命，绝大多数都是为了用户操作电脑更方便。就像 iPad 把我们从键盘和鼠标中解放出来一样，Apple I 最重要的革命只有一个，把人们从要命的前面板、开关和指示灯中解放出来。

说几句题外话，还记得为 Altair 8800 开发 BASIC 语言的人吗？那一年，有个大学没毕业的小伙子为 Altair 8800 编写了 BASIC 语言解释器，并因此创立了自己的公司。后来，小伙子的公司成了世界上最大的软件公司，小伙子也成了世界首富。小伙子创立的公司叫微软，小伙子的名字叫比尔·盖茨。

让人机交互更简单，让电脑更容易使用，让计算机成为大众消费品——这是体现在 Apple I 和 Apple II 身上最为重要的革命精神，这种精神贯穿苹果30多年，直至最新的 iPod、iPhone 和 iPad，这正是乔布斯和沃兹赋予苹果的最独特也最有价值的 DNA。

革命的产品自然会受到追捧。Apple II 只用了短短6年就成了历史上第一部销量超过100万台的电脑。从 Apple I 到 Apple II，是乔布斯和沃兹真正让普通人拥有了个人电脑，是他们开创了个人电脑的第一个黄金时代。

《非同凡想：乔布斯的创新启示》

作　者：卡迈恩·加洛

出版社：中信出版社

出版年：2011年1月

定　价：39.00元

七条另类的成功法则揭开乔布斯和苹果公司的创新秘密。所有法则都建立在加洛本人对于苹果公司的数据研究和分析，以及对于乔布斯本人采访的第一手资料。这些法则背后的非凡创想适合于一切商业公司，无论这些公司是大是小。

《乔布斯的秘密日记》

作　者：丹尼尔·莱昂斯

出版社：中信出版社

出版年：2010年1月

定　价：29.00元

这是美国科技业最最令人捧腹的作品。作者假冒乔布斯，透过多年来对高科技业的深刻了解，以其风趣幽默的文笔，把近年来高科技业的酸甜苦辣融入书中。犀利讽刺的文笔以及惟妙惟肖的模仿，巧妙地揭露出美国科技产业中许多真实的故事与新闻事件。

《苹果的哲学》

作　者：李屹立

出版社：江苏人民出版社

出版年：2011年6月

定　价：32.00元

《苹果的哲学》从乔布斯的个人创业经历，在商业旅程上的战略决定，企业管理思想、营销策略、产品理论等方面，讲述和解读一个无所畏惧的"角斗士"的商业哲学。围绕乔布斯，有着种种溢美的称谓和种种传奇的故事，其实他的成功并不如许多人想象般难以复制。

2011中网购票全攻略

2011年中国网球公开赛的门票早在5月份就已经正式对外发售，赛事组委会也已经对外公布了包括李娜、德约科维奇、罗迪克等人在内的豪华参赛阵容，让中网的老观众们期待不已，也吊起了网球新粉丝的胃口。作为亚洲最顶级的男女综合性赛事，十一黄金周期间举行的中国网球公开赛无疑是国内球迷近距离接触网坛偶像的最佳机会，如何省时、省力、省钱观赛成为了大家所关注的焦点话题，中网特别为您奉上购票攻略，量身打造完美网球黄金周，总有一种选择适合你！

Q1：中网观赛早准备，为何最初几轮票品最超值？

今年，中网再次选择5月26日开票，这给了球迷足够的准备时间，不少网球爱好者都提前购票，为十一观赛提早做好准备。根据往年的经验来看，中网正赛最初几轮比赛的票品最为超值，因为这个期间所有大牌巨星都会一一亮相，而前几轮的票品价格相对更低，可谓花费最少，收获最大。去年，曾经出现赛期最初几天多种票品售罄的现象，中网票务在新赛季提醒大家一定提前准备，避免留下遗憾。

优点：票品超值、避免遭遇售罄现象、五星推荐　缺点：等待开赛时间太漫长

Q2：虚拟视角、在线选座能否让我瞬间了解新场馆？

新赛季中，中网将启用拥有可开合屋顶、能够容纳一万五千人同时观赛的新建中央球场，这让很多中网的老观众感到新奇，同时又担心无法锁定黄金观赛位置，买票之前不知该如何下手。其实这个问题中网票务早已想到，在新赛季中开发了虚拟视觉和在线选座两大新技术，只需要登录t.chinaopen.com.cn暨中网官网票务页面即可看到模拟的场馆内部效果图，还可以通过在线选座准确无误的锁定黄金位置，支付成功还可以享受免费快递派送服务。

网络购物已经成为了时下的一种购物习惯，2011年中网还推出淘宝官 方旗舰店，不熟悉中网官方票务网站的淘宝客们则完全可以通过chinaopen.tmall.com完成购票，24小时在线服务。不管是中网官方购票网站还是中网淘宝官方旗舰店，都给习惯于网络购票的球迷提供了便捷的服务，对于京外球迷来说更是提前购票的最佳渠道选择。

优点：流程简单、支付便捷、免费派送、24小时服务　缺点：必须在线支付

Q3：网球发烧团新成员，想要购票无从下手怎么办？

在国内，网球这项时尚运动的普及度还有所欠缺，不少人都是新的网球发烧友，想要到中网赛场一睹巨星风采却不知道该如何选择票品和场次，这可怎么办？2010年，中网热线400-707-6666正式推出，对赛事的任何疑问都可以拨打该热线查询，当然也包括票务信息，相关服务人员会根据客户要求推荐相应产品，一对一服务为球迷打造最合适的票品选择。

从5月26日起，中网设立现场票房，北京球迷还可以直接现场购票，不仅有专人解答您的疑惑和问题，还可以立即取票，更是一举多得。北京国际网球挑战赛及中网赛期，现场票房都设在国家网球中心西门票厅，非赛期票房则设置在位于北辰世纪中心A座912的中网公司。

优点：专人服务、支付方式多样、派送方式多样、无休息日　缺点：北辰票房购票时间仅限9：00-17：30

Q4：骨灰级球迷购票只想最方便，如何就近选择购票点？

对于中网的老客户来说，购买中网门票已经不存在场次选择问题，只寻求一种贴合自己习惯的购票渠道，该如何操作呢？新赛季中，水鸟票务依然是中网票务的官方代理，此外还有中国票务在线、中演票务通、小红帽票务、永乐票务、中国票务中心、中票在线、票行天下等多个大型票务代理也是中网票务的二级代理商，通过这些票务代理的网站及门市都可以购买到中网门票。另外还有上述提到的中网现场票房等方式，球迷完全可以根据自己的习惯选择购票渠道，只求选择最方便。

优点：就近购票、贴近个人习惯　缺点：部分渠道优惠政策不够给力

Q5：通票、套票价格最诱人，如何购票最优惠？

2011年国际网坛写满了中网时刻，国内瞬间掀起一阵网球热潮，中网又恰逢十一黄金周，在假期观看网球比赛成为了很多家庭、姐妹淘、好朋友的第一选择，为了能够满足大家“组团”看球的愿望，中网票务在今年重新组合套票票种，提供包括家庭套票、日通票、全程通等多种类型票品选择，比单一购票更划算。

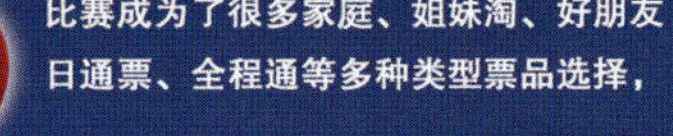

优点：选择多样、集中就座、总体折扣高　缺点：部分票品需多人共享

Q6：享受超级礼遇，最划算的VIP方案是什么？

中网至今已经走到第8个年头，不少球迷已经无法满足在普通看台就座，而是希望在十一黄金周期间能够来一个豪华网球体验，VIP贵宾包厢成为了不二选择。不过对于大多数球迷来说，VIP包厢全程票也许还是有些遥不可及，如此一来VIP Mini Package（贵宾包厢票套餐）的存在显得至关重要，一张三天的VIP通票既能保证完美的观赛位置，同时还配有香格里拉的五星级餐饮服务以及专属停车位等超值体验，整体价钱相对平价，成为了近几年来中网最受追捧的贵宾票品。

优点：绝佳观赛位置、超值配套服务　缺点：不可随意搭配时间

北京　·　国家网球中心

SAILING EUROPE
蔚蓝之旅
水边的果岭假日
WATERSCAPE GOLF COURSES
茶境茶心
茶馆访古
LIFESTYLE
生活

WATERSCAPE GOLF COURSES
水边的果岭假日

文 _ Sissi 设计 _ 舒帆

当你站在发球台上，满眼尽是无垠的蔚蓝，水景仿佛成为了球道的延续。此刻的你，发挥不在优劣，而在于用心欣赏水景果岭的惊鸿一瞥。

SPRING CITY GOLF & LAKE RESORT

INFO
球洞数目：18 洞
总长度：7204 码
标准杆：72 杆
参考价格：1800 元人民币 / 人，含果岭、球童、球车费。

情迷彩云之南 春城湖畔度假村

春城湖景球场由 Robert Trent Jones 亲手设计，创造出令人精神振奋、流畅舒适的挥杆境界。球场和湖畔之间一路可以见到平坦斜坡和悬崖峭壁的陡然交替，狭窄的球道蜿蜒曲折，顺山腰而下，一直延伸到银光闪烁的湖畔。

水天一色，绿野苍翠，令人叹为观止的同时感受到重重挑战。蜿蜒在阳宗海湖畔山坡上的前 9 洞缓缓铺叠到水边，而后 9 洞则慢慢地延伸到俱乐部会所。经典的第 8 洞标准杆 3，扬名世界全球 500 最佳球洞之一的第 18 洞标准杆 4，必定能让球友得到至高享受。春天来时，满山遍野的报春花、紫罗兰、八仙花含苞怒放，朵朵花儿盈盈点点，散落在场内，整个球场如同镶嵌在湖畔山坡上的一块块绣花地毯，美丽的令人炫目。春城湖景球场与自然环境紧密融合，充分利用原有的迷人景致，高低地势，辽阔的视野等天然景象，营造出令人无比愉悦难忘的挥杆体验。

TIPS

昆明四季如春，年日照时间达 2500 小时，冬季白天的气温大都在 15℃～18℃之间。如果你不愿冬天在凛冽寒风中挥杆的话，就来春城给自己一个高尔夫假期吧。

QUEENSTOWN GOLF CLUB

INFO
球洞数目：18 洞
总长度：6103 码
标准杆：72 杆
参考价格：370 新西兰元 / 人（约合人民币 2000 元），含果岭费、球车费。

梦幻新西兰 皇后镇高尔夫俱乐部

皇后镇（Queenstown）位于新西兰的瓦卡蒂普湖（Lake Wakatipu）北岸，南阿尔卑斯下的小镇，是著名的旅游胜地，也是户外运动者的天堂，具有“探险之都”的美誉。

瓦卡蒂普湖水环绕的皇后镇拥有世界上最风景如画的球场——皇后镇高尔夫俱乐部球场。由鲍勃·查尔斯先生设计的球场四周群山围绕，景色宜人，置身其中，好似人间仙境，而非现实。值得一提的是标准杆 5 杆第 5 洞，它是一个绕湖的沙坑“狗腿洞”，也是皇后镇球场的签名球洞。

值得一提的是俱乐部内的天空缆车餐厅，餐厅内供应当地久负盛名的新西兰南岛白酒和葡萄酒。天空缆车餐厅被美国广播公司评为世界上最佳景观餐厅，它拥有南半球最陡的缆车轨道（37.1°），游客可在短短 10 分钟内被送到海拔落差 800 米高的餐厅，不失为在高球体验之外的视觉享受。

TIPS

皇后镇高尔夫俱乐部球场与许多其他新西兰球场一样，没有设球童服务，只能自行拉包下场打球，或者租赁电瓶车。去过那里的球友纷纷表示，在皇后镇度假，仅用一天时间打高尔夫是远远不够的，因为皇后镇是南岛的旅游度假中心，当地还有许多户外运动项目可供选择，包括跳伞、射击、游船、喷射船，滑翔伞等。

皇后镇属于温带海洋性气候，季节与北半球正好相反，九至十一月为春季、十二月至二月为夏季、三月至五月为秋季、六月至八月为冬季。

NEW SOUTH WALES GOLF CLUB

INFO

球洞数目：18 洞
总长度：6103 码
标准杆：72 杆
参考价格：360 澳币 / 人（约合人民币 2500 元），仅含果岭费。

澳洲探险之旅
新南威尔士高尔夫俱乐部

新南威尔士高尔夫俱乐部距悉尼 20 分钟的车程，坐落在布坦尼湾海角的北端，得天独厚的地理位置让人们可以欣赏到太平洋和海岸线的壮观景色。

新南威尔士高尔夫俱乐部四周由国家公园所围绕，滨临太平洋海岸线，有着陡峭的悬崖和起伏的地面，球手可以欣赏到太平洋美丽的风光，但同时也带来了特别的挑战：球场上的风向变幻莫测，甚至两个球洞的风向也会迥然不同，球手因此会面临诸多时刻变化着的困难局面。球洞沿海岸形成两个圆环，分别是前九洞中的 5 号洞到 7 号洞，以及后九洞的 13 号洞到 16 号洞。从第 6 洞开出的球横越岩石林立的海湾，场面极为壮观。

TIPS

南威尔士高尔夫俱乐部是一家会员制俱乐部，但每周也有一定数量的访问名额。普通非会员可以通过会员邀请的形式造访俱乐部，或登录官方网站（www.nswgolfclub.com.au/welcome/index）提交申请函。

DUBAI CREEK GOLF & YACHT CLUB

INFO

球洞数目：18 洞
总长度：7000 码
标准杆：72 杆
参考价格：280 美元/人（约合人民币 1800 元），仅含果岭费。

沙漠与绿水并存 迪拜湾高尔夫球会

迪拜是中东地区的高尔夫先驱，迪拜湾高尔夫球会便是其中翘楚。它占地 80 公顷，设有游艇码头并与国际机场相邻。始建于 1933 年，1999 和 2000 年的迪拜沙漠锦标赛（Dubai Desert Classic）在这里隆重举行。

这个 18 洞球场以水洼和沙洼考验球手的技术，球场中间有人工大湖及 3 个海水洼，球道狭窄，地势起伏不平。最精彩的球洞当属第 17 及 18 洞，在那里可以看到整个迪拜湾的海景及迪拜湾球会会所，风光绝美。

挑一个黄昏，乘一只小艇畅游迪拜湾吧。那两岸一边是现代化建筑物，摩天林立，耸入云霄；另一边是则传统市集，夕阳斜照，海鸥飞翔。作为亚洲飞往欧非的中转站，许多跨越大洲的航班都在这里停靠。如果下次你转机来此的话，不妨留出半天时间一试身手。

TIPS

迪拜地处阿拉伯半岛东部，属沙漠热带气候，夏季炎热潮湿，每年冬季（11 月至翌年 4 月）为高尔夫旅游旺季，适宜爱好者们前往。

SAILING EUROPE 蔚蓝之旅

文 / 思林 编辑 /Sissi 图片由品牌提供 设计 _ 盒子

放弃自驾车，选择自驾游艇，沿着蔚蓝的海岸线劈波斩浪，在浩瀚无垠的海上走走停停，这种旅行方式令人心旷神怡。海岸线上集中了各地的风土人情，正所谓两相得意，怡情怡景。

NICE
LET'S START FROM NICE
尼斯：心的开始

尼斯是到达的蔚蓝海岸的第一站——不仅因为它是里埃维拉地区的首府，还因为尼斯国际机场是法国客流量第二大的航空港，通往蔚蓝海岸各个小城的交通路线四通八达，使它非常适合作为这场旅程的起点。

在颇负盛名的盎格鲁街漫步，便可一览天使湾的美景。虽说海滩上清一色的灰白色碎石，常令游客因没有见到细腻的白沙而惋惜，可是在碎石滩上晒太阳的美女们却又让他们赞叹不已。

街道北侧是鳞次栉比的豪华酒店和娱乐场所，不要忘记——尼斯是法国除巴黎之外聚集最多高级酒店的城市。尼斯曾被划归西西里王国，所以至今还能嗅到罗马的历史气息。高大的房屋和狭窄的街道大多为颜色清淡的意大利风格，教堂则通常是17世纪的巴洛克建筑。

饱览尼斯城全貌的最佳观测点，是圣雷巴拉特大教堂附近的城堡山丘。从这里俯瞰老城，目之所及是层层叠叠的赭红色屋顶和黄白色的墙面，让人如同饮下一杯卡布奇诺，温暖而放松。

我们的目的地，是这段海岸线上不容错过的航海小站——圣特罗佩。

CANNES
THE MOST DAZZLING MOMENTS
戛纳：最耀眼的一站

当埃斯特雷高地那红色的锯齿状悬崖出现在视野里时，游艇到达了整个旅程中最为耀眼的一站——戛纳。位于戛纳的皮埃尔康托港口是欧洲最古老的天然良港，仅仅是将游艇停泊于此地，都是一件值得纪念的事。长达7公里的棕榈海滩是游客乐不思蜀之所在，这里既有La Bocca和Mourre Rouge等公共海滩，也有各豪华酒店所属的私人海滩。

从苏给区的老城区开始参观戛纳是个不错的选择。在错综复杂的街巷间游走，步伐很容易在高低错落间迷失。最佳观景台是位于老城最高处的钟楼，从这里望去，戛纳的迷人与地中海的蔚蓝会让人暂时忘记呼吸。

从港口出发，船行15分钟就能到达位于戛纳南部的雷汉诸岛（Isles of Lérins），其中的圣玛格丽特岛（Sainte-Marguerite）是非常著名的要塞，传说中关押铁面人的岛屿。岛上的旅行就像一次寻古探险，能在不经意间发现许多中世纪时期的遗迹：比如皇家要塞（the Royal Fort）、戛纳海洋博物馆（Musée de la Mer）、铁面人囚室、考古洞穴等等。

TIPS

PRIMO YACHT
网址：www.primoyacht.com
电话：+33 (0)492 9126 26

MOODY YACHTS
网址：www.elmarine.com
电话：+33 (0)493 6388 61

AQUA MARINE
网址：www.aquamarine.fr
电话：:+33(0)493 7617 17

YACHT ZOO
网址：www.yacht-zoo.com
电话：+377 97 705 200

SAINT-TROPEZ
A MAGNIFICENT PORT
圣特罗佩：华丽的港口

20 世纪中叶以前，圣特罗佩一度是波希米亚式生活中心，各类艺术家云集于此。1956 年，由碧姬•芭铎（Brigitte Bardot）主演的《上帝创造女人》在这里拍摄后，小渔村因此名声大噪，成为名流与富豪的聚集地。

乘游艇而来的我们虽然能避免塞车之苦，但桅杆林立的圣特罗佩港口也在时时提醒来者——这是一个不容小觑的港口。

此地每年都会承办多场帆船赛事，其中最特别的当属 9、10 月间举行的“圣特罗佩帆船赛”。这项赛事聚集了全世界最美丽的古典游艇与现代帆船，在水天相接的无限蔚蓝中，古典木质帆船的白帆层叠错落，哪怕仅仅一瞥都令人终生难忘，更何况提前向相关机构进行预约，还有机会以参赛选手的身份，亲身体验船员的比赛训练。

BONIFACIO
NATURAL FEATURES AND HUMANISTICS
博尼法乔：自然与人文的交织

船行至此，海水依旧是浓艳的蔚蓝，但兀立于海面的白色石灰岩一目了然却又不可捉摸，使这片海域全然不同于之前几站。这座位于科西嘉岛最南端的小城不像尼斯拥有那么多博物馆，历史的苍凉感源自访客见到它的第一眼开始诞生。整座城市屹立于高耸的石灰岩岬角上，建造在滨海悬崖边上的老房子虽然颜色素淡，却也让看客过目难忘。

岛上最具特色的是位于博斯科区的水手墓地。科西嘉人对水手的后事十分重视，经常选择海边高地作为水手们的安息之所，墓地四周汇集了彩色马赛克拼画，多样的小教堂以及最为壮阔的海景。这些为海而生的灵魂的安息之处，看上去并非像伤心地一样让人绝望，而是被营造成一处发人深省的场所。如果回忆起科西嘉岛上诞生的杰出人物拿破仑，恐怕心情就更是难以平静。

天气好的时候，可以乘坐小艇游览博尼法乔附近的海上岩洞及海岸，随着船只沿着石灰质悬崖航行，可见沉积岩时而横向分层、时而斜向分层，它们忠实见证了地质沉积与海流变向的每一次变迁。大部分游客都会在博尼法乔东南 4 公里处的拉维兹群岛消磨上一天半天，这里的海水清澈透明，浅灰色花岗岩被侵蚀成球形，神奇的自然地貌与岛上的人文风光相比可算别有洞天。

TIPS

以下是几家在蔚蓝海岸地区开设的游艇租赁机构，登陆网站，就能看到可供选择的各种艇型和报价。根据自己的旅行计划做出筛选，然后按照网站上的说明联系相关负责人即可。租赁公司会进一步详细了解客户需求，并提供船员和服务员，以及餐饮、潜水等一系列相关服务。

租赁步骤：

1. 预先申核您是否具有相关驾驶的证明；
2. 有专门的指导对你进行相关的培训，或者是船员的见面沟通；
3. 递交押金；
4. 待船回时支付租金。

Luxury Travel

品位奢华四地游

文_思林　编辑_Sissi　图片由品牌提供　设计_晓燕

让满载约定与寄望的结晶在闪耀中隽永，珠宝以它的璀璨姿态承袭其奢华本质，在爱慕与期盼中烙烫印记，看四地高端人物们如何演绎顶级珠宝的奢华大戏。

Switzerland 瑞士

THE CONFIDENCE OF EUROPE

源自欧洲的自信

珠宝的趣味与别致从黑、银、蓝三色中倾泻而出，堪称最具有时代感的三色在珠宝界同样走俏不已，令追求品位的你时而简约出镜。时而高调不凡，时而潇洒诙谐，这样的格调造出无与伦比的自信之美。

Paris 巴黎

DIAMOND SHINING

耀出你的影响力

巴黎人天生为珠宝而生，他们懂得浪漫，将爱与闪烁的珠宝为伴。任凭时光点点滴滴的行走，也改变不了巴黎人浑然天成的奢华感，你选到这一季的心头好了吗?

in Four Cities

Tokyo 东京

PREFECT DETAILS

精致细节的把握

追求细小与精致，是一种对神秘莫测的永恒能量的把握。每一枚珠宝都在瞬间转身的刹那划出一道道细节之美，一切完美体验都是爱慕这个地域的灵感元素。

Shanghai 上海

LOW-KEY LUXURY

诠释低调的奢华

硬朗的轮廓及简洁的线条似乎都在表达上海女性对于爱情及未来的追求感，交织在华丽感与低调之间的魅惑，也能轻易抵御极致奢华风暴的侵袭。

Forever

Knight Spirit

骑士精神不灭

文 _ Sissi　设计 _ 舒帆

如果不曾有爱马仕（Hermès），那么在两个世纪前的欧洲，一场瑰丽庄严的皇家加冕仪式，极有可能因为某处缝合不够精密的马车配件所拖延耽搁。抑或是爱马仕家族不曾 w 笃定坚守，Birkin 在人们脑海留下的印记仅仅会是上世纪 70 年代某位法国女歌星的名字。法国人在形容某件事情至关重要时爱说，“就像蛋糕上的那颗樱桃”。樱桃之于蛋糕，就像爱马仕（Hermès）之于法兰西时尚百年。

爱马仕(Hermès)诞生于法国政治历史最为动荡的十九世纪初。法国大革命结束后的生产力解放，成为了手工行业百废俱兴的温床。当时，人们思想中那些原本切入体肤的浪漫主义情怀，被一轮轮革命所带来的现实主义调和。爱马仕(Hermès)170多年来对精湛工艺的不懈追求，以及奇思妙想的设计语言，或许正源自于那个教条与个性极致交融的年代。

JUSTICE AND HONOR
公正与荣耀

想拥有一个集万千荣宠于一身的鳄鱼皮限量版Birkin包，不是一件信手拈来的事情，就算腰缠万贯，也要按部就班地在冗长到令人咋舌的订购名单的最后一行，签上自己的大名。你可能想象不到这一终极时尚奢侈品牌的第一桩生意，是为一匹马驹制造项圈。

出生于德国，原籍法国的蒂埃利·爱马仕(Thierry Hermès)一丝不苟地钻研手工马具生产工艺多年，于1837年在巴黎创立了以自己姓氏为名的马具品牌。当年那些在凯旋门外大军路上穿行的精美四轮马车，拿破仑三世的御用马匹，无一不使用爱马仕(Hermès)生产的马具配件。

嗣后，随着工业化进程不断加剧，汽车开始在欧美上流社会中逐渐普及，爱马仕家族第三代负责人埃米尔·爱马仕(Emile Hermès)将事业版图朝向多方位经营，他不惟让爱马仕(Hermès)的产业链更加浩博，更将自己对艺术的独特见解融入其中。

1914年，世界大战的爆发让欧洲满布疮痍，埃米尔·爱马仕被派往美国负责替法国骑兵部订购皮革。身在美国的他深深领会到大量生产及各类交通科技的发展必会令旅行皮具制品的需求更加蓬勃。回国时，他倍感振奋，将马鞍针法运用于其他皮革制品上，并且在固有的产品外，新创了一系列皮包、行李及旅游用品、运动及汽车配件、丝巾、皮带、手套、珠宝首饰及腕表。

战后，欧洲国家的经济开始衰退，美国成为新的经济中心。作为四个女儿的父亲，埃米尔·爱马仕很快就有了三个女婿：Robert Dumas，Jean-René Guerrand以及Francis Puech。接着，公司在主要的法国度假胜地均开设了分店，爱马仕(Hermès)于1924年入驻美国。

埃米尔·爱马仕在1951年逝世，他的女婿Robert Dumas继位。在埃米尔·爱马仕提倡不朽创意的精神下，Robert Dumas积极参与新产品的创作：皮包、珠宝及其他饰物系列，很多都成为了爱马仕的经典之作。在设计师团队的帮助下，Robert Dumas焕发了极大的创作灵感，着重开发设计丝巾，为爱马仕成为一代丝巾大师奠下基础。

出生于1938年Jean-Louis Dumas在1978年成为爱马仕的领导者，他与表兄弟们携手合作，把年青的朝气与热忱注入集团内。他将丝绸制品重新演绎，还将先进的技巧与传统的生产工艺相结合，注入皮革制品和时装等系列。

174年来，爱马仕(Hermès)所有产品从设计、制造到销售，全部都由公司内部统筹规划，从不途经他人之手，为的是期望恪守百年历史的荣耀。

VALOR AND SPIRITUALITY
英勇与精神

谈及近年爱马仕家族的兴盛与繁衍，另一个名字不得不提——LVMH(路威酩轩)。2010年末，全球最大的奢侈品集团LVMH披露，LVMH通过金融衍生工具购入17.1%的爱马仕股份，成为爱马仕家族继承人以外的最大单一股东。在之后短短不到一个月的时间，LVMH宣布进一步增持爱马仕(Hermès)股份至20.21%。在爱马仕家族开启一场自卫反击战的同时，世人也都屏息关注着这一场品牌芳香与投资铜臭之间的博弈。

爱马仕集团(Hermès)在今年2月初公布的财政报告显示，2010年全年销售

1837
第一代创始人：Thierry HERMÈS，于巴黎巴士底大道设立的爱马仕高级马具制造工厂正式开业。

1889
Charles Emile HERMÈS的长子Adolf加入了家族企业。

1902
Adolf HERMÈS及Emile-Maurice HERMÈS将公司更名为“爱马仕兄弟公司”。

1922
Emile-Maurice HERMÈS从兄长手中购入公司所有权，并扩建总店，公司名称改为“HERMÈS”。

1935
35厘米的“Sac A Croix”上市(1956年正式更名为凯莉包)。

1951
Emile-Maurice HERMÈS之女婿Robert Dumas就任第四任总裁，大力拓展丝巾及香水市场。

额同比增长 25.4%，销售总额达 24 亿欧元，爱马仕集团（Hermès）自 1993 年上市以来的最好表现也是对 LVMH 有力的反击。与此同时，爱马仕家族内部成立了一家控股公司，制作丝巾和高档手袋，掌控超过 50% 的集团股份，以抵御敌意收购威胁。

爱马仕集团（Hermès）CEO 贝特朗·皮埃奇（Bertrand Puech）在形容 LVMH 的不请自来时，曾向媒体记者抛出过一句漂亮的法式幽默，“如果你想长期勾搭一个美丽女人，便不该先从背后强奸她。”

在纷乱复杂的奢侈品商业整合战争中，爱马仕家族选择了一条专注于生根固基的道路。就目前状况来看，爱马仕（Hermès）百年品牌所积累的英勇骑士文化，并不是品牌整合巨鳄 LVMH 的欧元能够买到的。

就像马蹄的使命是奔向远方，骑士的心房载满追逐胜利的曙光。自创立伊始，爱马仕（Hermès）就一直竭尽全力不断前进，跨越屏障藩篱，开拓创新。爱马仕家族的传统精神始终秉承骑士的待人之道，在辉煌的爱马仕（Hermès）橘色星芒笼罩之下，他们更愿意被人们看做“一生都在坚持精湛工艺的手工世家”。

1956 年，身怀六甲的摩洛哥王妃格蕾丝为躲避媒体镜头，以自己的 Hermes 手袋遮掩微凸的腹部，从此“凯莉包”成为爱马仕的经典标志。

英国女王伊利莎白二世是爱马仕丝巾的忠实拥护者

1973
英国高级制鞋公司 JOHN LOBB 加盟爱马仕集团。

1978
第五代总裁 Jean Louis Dumas HERMÈS 上任。

1986
伊丽莎白二世六十岁生日的纪念邮票，选用国有爱马仕丝巾的照片。

1999
买下 Jean-Paul Gaultier 品牌股份的 35%。

2010
Christophe Lemaire 接替前任 Jean-Paul Gaultier，成为爱马仕女装总设计师。

HI,PRIVATE JET
你好，私人飞机

文 _ Hoi-Chuen　设计 _ 盒子

2010 年颁发的《关于深化我国低空空域管理改革的意见》，被视为政府释放出的低空开放信号。在中国，谁是私人飞机最早的拥有者？私人飞机上天到底有多难？“低空开放”真的是想象中那么美好吗？

谁是第一个吃螃蟹的人

今年4月，为期三天的上海国际商务航空展览会在上海虹桥国际机场公务机基地举行,现场展览了20多架世界顶级的公务机。主办方还邀请了一些有消费能力、关注私人飞机行业的富豪前来参观。展场外优雅的捷豹、轰鸣的本田跑车比比皆是，好不热闹。

在中国，谁是私人飞机最早的拥有者？据国北京航空有限责任公司总经理关超回忆，邵逸夫可能是中国最早使用公务机的人，而真正拥有公务飞机的人则是远大集团的董事长张跃。

张跃曾在不同场合分享过他买飞机的故事。1996年冬天，大雪天气造成了北京首都机场航班的延误。看着通往全球各大城市的航路纷纷恢复通航，唯独自己要去的长沙方向迟迟没有开通时，张跃觉得自己大量的时间被浪费了，甚至感觉受到了歧视，他从此萌发了购买私人飞机的念头。1997年，张跃花7000万人民币从美国的飞机生产商“赛纳斯”公司购买一架“奖状EXCEL”10座喷气公务机和一架“贝尔427”8座直升机。也是在这一年，张跃考取了中国第一个直升机私人驾照。

张跃之所以能去购买私人飞机，是有政策背景支持的。1996年8月，国家民航局允许进行“私人飞行执照”培训，这是一个微小的提示。在张跃的影响下，长沙成为购买私人飞机最早爆发的城市。继张跃之后，天下凤凰文化传播有限公司董事长叶文智也购置了一架名为“松鼠”的6座直升机，价值1500万人民币。就连低调、内敛的三一重工集团董事长梁稳根也按捺不住飞行的激情，于2008年2月购买了一架美国西科斯基公司制造、价值1300万美元的直升机。三一重工集团同时还购买了一架型号为A320，价值高达8000万美元的商务飞机。

同样惹眼的私人飞机拥有者大有人在。赵本山和林青霞夫妇的私人飞机同出一家，由加拿大庞巴迪公司生产的“挑战者850”，价值2亿元人民币，内设17个座位，有酒吧、健身房等设置。而价格之最的当属影视演员刘涛的私人飞机，她拥有的是一架价值近3亿元人民币的喷气式私人飞机。

中国私人飞机市场“起飞”

2010年政府释放出的“低空开放”信号将有望成为民用航空发展的助推器，“疯长”的前奏似乎已经开始。南京同威投资是一家专门研究整合私人飞机市场的公司，该公司发布的数据显示，目前在中国注册的私人飞机数量是100多架，今年飞机的销售量较去年同期提高了60%以上。

其实早在上世纪80年代末，在国务院相关会议上，对于“低空开放”的讨论就已经是通过的。上海金汇通用航空有限责任公司董事长李启勇告诉记者，“低空开放”从讨论通过到日见雏形经历了二十多年的过程，其中问题不仅仅在于管理放开那么简单。“80年代末中国市场和个人财富积累都没有到达能够容纳私人飞机市场的程度，经过二十多年的累积，如今的国内市场环境已经相当成熟了。”

2005年在中国私人飞机市场历史上具有划时代的意义。是年5月31日，中国《通用航空飞行规制条例》正式实施，条例的实施标志着中国私人航空飞行进入一个可发展的时代。条例刚刚通过，中国第一个会员制私人飞行俱乐部——前沿私人飞行总会就迫不及待地在上海成立了。而就在此后的三个月时间内，包括湾流、雷神、庞巴迪、塞纳斯等私人飞机国际巨头迅速登陆中国市场。

2008年金融危机席卷全球，国外资产的价格跌至谷底，而国内除出口业受危机波及外，其他行业基本安然度过，很多商人都是在经济危机后及时出手，低价购入飞机。中国私人飞机市场在金融危机之后演绎着跳跃式的发展。

《2011年胡润财富报告》显示，中国国内现有87.5万个千万富豪和5.5万个亿万富豪。“我国的富豪将会越来越多，这部分人也是私人飞机的主要消费群体。”李启勇说,随着航空工业的发展,飞机制造成本将会越来越低,有能力购买飞机的人将会越来越多,加上飞机的运营成本将会随着运营企业的增多而变得更加便宜。

EXIT

Q=《接力》杂志
A=上海金汇通用航空有限责任公司董事长李启勇

Q：目前中国的私人飞机升空高飞，必须具备哪些条件？

A： 首先是民航局核发的飞机适航许可证；其次，飞行员必须经过严格培训，取得有关部门核发的飞行执照；第三，要向空管部门申请飞行空域和飞行计划，批准后即可实施飞行活动。在这样的严格限制下，能够"生存"下来的私人飞机几乎都是直升机，因为直升机升降不需要机场为依托，对停机坪的要求也很低。

Q：去年国家颁发了《关于深化我国低空空域管理改革的意见》，您认为它给行业带来哪些发展机遇？

A： 低空开放将带动产业变革，主要体现在：一、终端消费市场首先启动，各项业务将获得快速的增长，特别是飞行培训；二、政府消费并投资公用通航，带动市场由萌芽步入发展并通过终端消费市场的发力，通航的经济效益和社会效益被政府和大众所认可，使得政府愿意带头消费公务飞行，并加大对公用通航的投资（警用、消防、搜救、EMS、环保等），同时出台鼓励通航投资的政策，兴办通航产业园区等；三、通航概念、精神和文化得到广泛的传播；四、私人飞行时代开启，使通航实现产业化发展，特别是私人飞机拥有量上升以后，所需要的一系列配套服务将成为机遇诱人的潜力市场。

Q：是否低空一旦开放，通航的问题就能得到解决？

A： 由于低空开放的预期过于美好，加上社会各种力量集体的炒作，现在"空域管制"成为了我国通航所有问题的缩影。只要提到我国通航的任何困难和阻碍，都把它们归结到"空域管制"，使人误以为低空一旦开放，通航的所有问题都能得到解决。空域开放后，运营企业还将面临一些问题。简单地说，低空开放是一把双刃剑，机遇诱人，挑战严峻。

Q：您如何看待中国私人飞机市场的前景？

A： 我认为私人飞机是通用航空发展的一个大趋势。私人飞机除了休闲娱乐，还是必要的商务出行工具，并且在提升个人影响力和公司品牌知名度上有巨大的作用。如海尔集团、远大空调、春兰集团等都购买了私人飞行作为公司出行、招待以及商务活动的必备工具。随着航空工业的发展，飞机制造成本将会越来越低，有能力购买飞机的人越来越多。私人飞行在中国，将会走过从时尚运动到大众化交通体系的演变过程，就像手机、电脑和私家车一样，都会经过从无到有、从少到多的一个普及化过程。

如何考取私人飞机驾照

报名条件

年满 17 周岁；
具有良好的道德品质；
大专以上文化程度，能正确听、说、读、写汉语，掌握一定的英语技能；
无影响双向无线电对话的口音和口吃。

体检与政审

体检："私照"学员最低身体标准应符合 Ⅱ 类标准，"商照"学员最低身体标准应符合 Ⅰ 类标准。合格者获得民航主管当局颁发的体检合格证。
政审：持有本人户籍所在地的公安部门开具的民航人员背景调查及无犯罪记录证明。

学习与考试

第一步：学习飞行理论并通过统一考试（满分为 100 分，80 分合格）；通过考试后办理学生飞行员执照。
第二步：进行飞行操作技术训练并参加实践考试，由航空知识口试和演示飞行技能或飞行熟练性的实践考试组成。
第三步：如果以上考试获得通过，飞行经历等符合有关规章的要求，将获得由培训机构代办申领、民航总局颁发的"私用飞行员执照"或"商用飞行员执照"。

PURSUIT OF TRADITIONAL TEA HOUSE

茶境茶心 茶馆访古

文_陆晓旭 设计_舒帆

关于茶，《茶录》说，“其旨归于色香味，其道归于精燥洁。”所以要体味这些素质，静默是一个必要的条件，也只有“以一个冷静的头脑去看忙乱世界”的人，才能体味这些素质。而茶馆便是一个好去处。三朋四友，相携去品茶，那是一件雅事。

品茶寻境

茶有顺其自然的灵性，谦谦君子的风度，得许多有涵养的人垂爱。

寻茶，不必只向山野间，城市当然更有不错的茶，不然，爱喝茶的人，没时间寻觅，就不得好茶，可不公平。

喝茶，要去茶馆，约上三五好友，更有心境、意境。无论是“泡茶馆”还是“坐茶馆”，到茶馆喝茶，首先是坐，然后才是喝茶，花上点功夫，找找久违的感觉。对于快节奏的现代人来说，从闹入静，这样的心境转换尤为难得。

有些茶馆保留着很多古旧的气息，进了茶室，心头一片宁静，时空的概念淡漠得很远，这里的一桌一椅，一杯一盏，处处都透露出文化的厚重和雅致的精心，你会发现在这种境地里独坐静思，真是再好不过了。若得这些韵味，我们就一起去茶馆访古。

徽派茶馆的古韵新意

热闹的城隍庙，翘顶飞檐下，“耕月人”的匾额高悬。烈日当头，又立于这喧闹的街道，真想速速避开，希冀此刻寻得的是一个真正喝茶的好去处。

电梯甫开，时空交错，仿佛闯进谁家的厅院。“耕月人题记”刻于有两百多年历史自然风化的榆木门上，颇衬“耕读传家，月照古今”的意蕴。两方宋代砖雕，“武官迎客，文臣送客”；侧室木门刻的梅兰竹菊，恭迎风流雅士；影壁上嵌的八仙过海，奉来客为“八仙”，赞其各有神通。

跨过清代状元石做的状元门，迎面是“四水归堂”的幽深天井，凌于其上的是一青瓦小亭，水从瓦脊潺潺流下，滴滴答答如落雨，边喝茶边听雨，心便真的能慢慢地静下来。据说这间“听雨轩”最得马未都先生喜爱。有趣味的是，亭上有一块道光五年的石匾，上书“英藏古谺”。“谺”是一个象形文字，即山谷中有一间房，“英”藏其中,不正是“大隐隐于市”的意思吗?

整个茶厅是古朴柔和的色调，一眼望去是江南水乡的缩影，瓦榭亭台、鱼戏莲池、小桥流水人家。间间雅室都有独特风格，这一间墙面是用六十年代的老报纸糊就,那一间墙面是老的姑娘出嫁压箱布,还有自然的麦秆的叶子或草席做的墙纸,中堂供奉清代的老祖宗像，竟以康熙字典书页作为背景。就连鲜少题字的马未都和林庸先生都曾在此一挥墨宝。

推开小轩窗，从任一角度都能看到戏台。戏台唱着评弹、越剧、京戏，人在都市，能吃茶听戏，是一件幸事。除却戏台这清代的戏桌不提，单说这屏风，还是从绍兴的进士人家搜罗来的，也能让人讨个中进士的好彩头。

如果有时间
不妨去寻一间名茶馆
品赏一壶好茶 听一段古曲
身临雅境
相信你从中获得的不止于茶

特别有意思的一处是帐台，其上方，是安徽的冬瓜梁，雕梁刻柱讲的是三国的故事。木梁侧面刻有诸葛孔明，正面为周瑜打黄盖，意为“一个愿打、一个愿挨”。让顾客来此品茶，钱却花得心甘情愿。徽商的经营之道为“君子爱财，取之有道”，该得的财富，来者不拒。这和门口“四水归堂”天井的“肥水不外流”异曲同工。

"耕月人题记"刻于有两百多年历史自然风化的榆木门上

想必余秋雨先生为其开业揭牌的时候，除了欣赏她的徽派古韵，对其深邃的徽商文化也是推崇的吧。

茶中无燥

茶这个东西，使人清心、沉静、安详、通悟。在茶水升腾的氤氲里，有通脱于外物的悟解。饮茶要谛在于"品"，真正的好茶，活在杯里面。从咂摸滋味中蔓延一种气氛，品出味道同时品出艺术。

以耕月人为代表，如今推崇的是又一层理念，就是"泡"。他们往往不荐名茶，不主张泡茶给客人喝，而是希望客人自己亲自泡茶，享受泡茶的过程。宁静以致远，真正放松心情。其实，中国文化本身就是把玩的文化，在玩的过程中找到感觉，在"泡"的过程中静心怡情。而"泡"中有品，"品"中含"泡"，不管是推"品"还是向"泡"，成为"文化"，成为"道"，都少不了一种捕捉不到的东西，而那捕捉不到的又是从实际中来的，这种气氛，只有在茶馆里才可觅到。

有人来此静心，有人到此论事，谈着谈着忘了时间，还可以顺便吃些茶食。冷菜、水果、干果、主食随便点选……

爱屋及乌 茶韵悠长

茶楼是城市文化的体现，它让老的建筑语言活起来，有生命，可呈现出当时的辉煌。小小茶馆，大大社会，小小茶馆，大大文化。有人喜欢现代时尚，也有人中意古今融合，还有人坚守"老祖宗的文化不可丢"，不管在哪个地域空间，不管生发出什么不同的茶馆文化，将茶馆的品位精雕细琢，留一个文化的窗口，是必要的。

茶文化不单是江南的文化，北有老舍茶馆，为中华传统茶文化风情的缩影。京味儿十足，地道的吆喝声，一句"来了您那！"宾至如归。大红的宫灯，古朴的八仙桌，鲜艳的布幡，传统的四合茶院，顺带看着长衫马褂旗袍穿梭其中，听着京剧段子，实在是一种不可多得的文化享受。

西南有成都的茶文化，更是全民同乐。

无论你走到哪里，竹座椅、小方桌、三件头盖茶具、紫铜壶……一应俱全，“坐茶馆”是成都人一种特别的嗜好，还搭配上各种服务，让你舒舒服服品尝，逍逍遥遥享受。顺兴老茶馆就是其中最深沉的代表。老旧的青砖墙略显沧桑，九幅浮雕再现古镇市井院落的风貌，将茶的风俗做了特写。整个茶馆充斥的是浓浓的怀旧情绪。当然，还有不可错过的长嘴壶茶艺，赏心悦目。

“听雨轩”——喝茶听雨，一片静心

意在茶外

茶是内功，无喧嚣之形，无激昂之态。一盏浅注，清流，清气馥郁。友情缓缓流动，谈性徐徐舒张。

享受茶，如同享受风花雪月一样，还要有适当的同伴，这样在赏玩的时候就会有更好的心境了。

世人前半生，多数都在忙着做加法，加着加着人就躁了，而后半生开始做减法，减着减着兴味就淡了，何必？忙里偷闲是智者之选，斟一杯清茶，携几位好友，或带着亲密爱人、家人，找一处雅致怡情的茶馆，两耳不闻天下事，一心只品杯中物，岂不快哉？！

喝完茶，我们再次走向繁忙的街道，在白炽炽的日光下，心底一片清明。

推开小轩窗，从任一角度都能看到戏台

不要小看这座并不起眼的戏台，就从这里孕育了盛名天下的徽腔、徽调、徽戏

2011 AUGUST 17

瀚立商业管理（上海）公司成立

2011 年 8 月 17 日
Shanghai, China | 中国上海

8 月 17 日，瀚立商业管理（上海）有限公司成立暨"品牌战略联盟"签约仪式举行。股东代表 IDG 资本合伙人章苏阳、汉庭连锁酒店董事长季琦、盈石资产管理总裁司徒文聪等出席并致辞。中国城市商业网点建设管理联合会副会长、中国社区商业工作委员会主任董利向瀚立商业管理（上海）有限公司 CEO 马莉小姐授予"战略合作伙伴"的铭牌。

瀚立商业管理（上海）有限公司是一家专注于社区商业，提供全程社区商业地产资产管理服务、包租服务的公司。目前已经有包括上影集团等 30 余家知名企业与瀚立商业管理签署了"品牌战略联盟"协议。

2011 SEPTEMBER 21-24

摩纳哥超级游艇展 9 月启幕

2011 摩纳哥超级游艇展将于 9 月 21-24 日举行。摩纳哥游艇展是一个将国际豪华游艇建造商、设计师、设备供应商、代理商和服务性企业汇聚在一起的重要平台，游艇展内的游艇皆在 25 米以上。

2011 年 9 月 21 日至 24 日
Monaco, France | 法国摩纳哥

2011 SEPTEMBER 14

接力中国将组团参加达沃斯论坛

2011 年夏季达沃斯论坛将于 9 月 14 日在大连开幕。《21 世纪经济报道》将联合接力中国青年精英协会和清华大学 EMBA 教育中心举办"达沃斯 21TIME · 对话成长性企业——开放驱动创新"活动。活动将邀请中外嘉宾就如何建立成长性企业的生态开放等问题进行对话。

2011 年 9 月 14 日
China, Dalian | 中国大连

2011 SEPTEMBER 21-24

第 14 届北京国际航空展

9 月 21-24 日，第 14 届北京国际航空展将在北京国家会议中心启幕。每两年举办一届的"北京国际航空展"作为国内历史最久最专业的航空展，自 1985 年至今日已成功举办了 13 届，已成为国内外航空产业同仁高度关注的交流和合作专业展会。

2011 年 9 月 21 日至 24 日
China, Beijing | 中国北京

2011 SEPTEMBER 14-18

2011 深圳国际珠宝展盛情邀约

由中国珠宝玉石首饰行业协会、国土资源部珠宝玉石首饰管理中心主办的深圳国际珠宝展览会将于 9 月 14-18 日在深圳会展中心举行。展览作为国际化进程较高的的专业珠宝交易展览会，是海内外珠宝业界的盛大聚会。

2011 年 9 月 14 日至 18 日
China, shenzhen | 中国深圳

刘若英
帕丽斯·希尔顿
滨江集团
朱鼎健
卢星宇

24岁富二代卢星宇执掌中非希望工程遭质疑

继郭美美事件之后，又一个跟慈善有关的网络红人卢星宇横空出世。这名被誉为华商世界“最年轻的社会活动家”的80后年轻女孩，因“中非希望工程执行主席兼秘书长”，“全球华商未来领袖俱乐部秘书长”的身份受到舆论聚焦。8月17日，青基会回应称与华商协会是公益合作不是商业合作。但据查证，华商协会却是在港注册的私人公司，主席是卢星宇的父亲卢俊卿，且该公司并不具备募捐资格。这其中的利益纠葛有多微妙、水有多深，有待深入彻底地查证。

滨江集团“太子”巨额套现

滨江集团8月16日发布公告，股东戚加奇在大宗交易市场大笔甩卖公司股权，两日套现4.65亿元。戚加奇虽是80后，但以6552万股持股居滨江集团第五大股东之位。戚加奇并未在上市公司担任高管，也并未持有公司第一大股东杭州滨江投资有限公司的股份。对于戚加奇缘何大举甩卖股权，有分析显示，在房地产调控的持续影响下，滨江集团中期净利润下降四成，并预计前三季净利润同比降幅在50%以上，或许是戚加奇提前离场的原因之一。

刘若英八月八嫁浙江富二代

8月8日，刘若英摆脱黄金剩女封号，嫁为人妻。据网友爆料，刘若英老公名叫钟石，是汪小菲最好的兄弟，京城里出名的“黄油帮”成员。家族在浙江拥有最大的物流公司，本身则在北京、上海做房地产投资，身价超过10亿台币。

朱树豪长子朱鼎健或接班骏豪集团

8月10日，观澜湖高尔夫球会创始人、骏豪集团主席朱树豪去世。早在2008年外界就有传朱树豪健康状况不佳，此前有消息称其罹患鼻咽癌，但并未得到确认。据知情人士透露，在朱树豪去世之后，长子朱鼎健将成为其接班人，接掌香港骏豪集团和观澜湖。朱树豪生前低调，很少出现在聚光灯下。根据《2011胡润中国外来富豪榜》，朱树豪家族的财富达到260亿元，主要来自其在深圳和东莞的高端房产销售，以及在海口的高端房产。

帕丽斯·希尔顿再次遗失手机

拜金女帕丽斯·希尔顿恐将再次面临“手机危机”，近日她在搭乘飞机前往菲律宾途中，不小心把两个手机搞丢了。虽然在下机后受到当地粉丝的热烈欢迎，但被媒体拍到时，希尔顿仍难掩脸上懊恼的表情。希尔顿如此紧张可以理解，2005年曾有黑客入侵她的手机，窃取一票名媛、明星的联络方式，并在网上公开。这次失窃事件，可能会让名人圈再次陷入恐慌。

接班人的交友观

文字_沙纱 设计_团子

交友是人生中非常重要的一个社交组成部分，朋友往往能对生活产生一定的影响，甚至对整个人生都有决定意义，不过交友不慎也会带来灾祸。十二星座的企业家二代们对交友都是怎么处理和看待的呢？

ARIES 白羊座
3月21日~4月19日

白羊座交友的确是简单明了，几杯啤酒下肚可能刚才还是路人，现在就已经成了哥们。不过还是要提醒白羊座的二代朋友，选择朋友要慎重，不要随便什么人都去接触，草率很可能让你的未来会因朋友带来麻烦。

TAURUS 金牛座
4月20日~5月20日

金牛座的二代们的确在交朋友上是相当慎重的，他们很少对外去表露自己家境的富裕，他们生怕周围有人是因为钱财才和他们交往。虽然这种担心和谨慎也是合理，但太过于保密自己的生活，反而难以交到实实在在的朋友。

GEMINI 双子座
5月21日~6月21日

双子座三天两头换朋友是经常的，不管是酒吧还是迪厅，几乎每天都能认识很多的人。人们对他人的判断能力往往是值得怀疑的，双子座千万别以为自己的智慧能洞察所有人。知人知面不知心这句话显然是给双子座最好的提醒。

CANCER 巨蟹座
6月22日~7月22日

巨蟹座的交友观念其实是很矛盾的，他们一方面很需要众多朋友来帮助自己，同时能满足自己想做“老好人”的心理，另一方面又总是在担心遇到什么损友欺骗自己。所以巨蟹座的交友往往都难以深入，因为患得患失的想法太多，显得不够真诚。

LEO 狮子座
7月23日~8月22日

狮子座的确是众人眼中的焦点，特别是拥有财富的狮子座基本上总是被一堆朋友围绕，这种璀璨光环的笼罩也正是狮子座最喜欢的感觉。他们出手大方，经常一掷千金，又很讲义气，有很多人追随也是天经地义的事情。

VIRGO 处女座
8月23日~9月22日

处女座其实不是太喜欢和人交往，而且过于挑剔的性格也确实难以和朋友相处。但他们还是希望能有一个真心的朋友相处一生一世，只不过能完全符合处女座要求的朋友实在太少，能不能遇到完全看他的造化了。

LIBRA 天秤座
9月23日~10月23日

和朋友分享是天秤座人生中相当重要的主题，他们的身边绝对不能少了朋友的陪伴。不管是逛街、吃饭还是瞎聊，他们都会叫上一两个朋友一起来共享乐趣。不过即便如此，天秤座对交友还是相当慎重，也许平时看起来不错的朋友很多，但真正的密友寥寥无几。

SCORPIO 天蝎座
10月24日~11月22日

天蝎座爱憎分明的性格在交友上体现得相当明显，朋友间发生不合很容易就“化友为敌”，所以真细数起来，天蝎座的友情黑名单中人数肯定要远远多于白名单。这样孤独的性格也注定天蝎座最好的朋友永远只能是他自己。

SAGITTARIUS 射手座
11月23日~12月21日

射手座爱热闹爱结交，表面看起来好像呼朋唤友，来者不拒，其实他们内心很明白交友意味着什么。哪些朋友是对前途有帮助的，哪些朋友是可以一起喝酒谈天的玩伴，他们自然会权衡清楚。

CAPRICORN 摩羯座
12月22日~1月19日

摩羯座在选择朋友方面比较传统保守，长辈认可介绍或者事业合作中接触到的人比较可能成为摩羯座的朋友，而但凡是有可能招致家人或者已经存在的朋友圈反对的人，或是职业背景与自己相差比较大的人，他们都会自动疏远。

AQUARIUS 水瓶座
1月20日~2月18日

水瓶座的身边总是有各色各样的朋友，跨越年龄、肤色、种族，更不用说那些朋友和自己背景、观念、爱好有多大的差异了。当水瓶座的遇到困难时，朋友可能成为贵人，提供帮助和机会，但那些拖后腿、给水瓶座添麻烦的也是这些朋友。

PISCES 双鱼座
2月19日~3月20日

双鱼座对朋友宽厚而讲义气，愿意动用自己的资源和力量去帮助每一位有困难的朋友。但仁慈的双鱼座也因此而容易被人利用。提醒双鱼座：帮助他人的时候尽量能够一次性解决问题，而不要给人留下太多的后续机会。